国家神道と日本人

島薗 進
Susumu Shimazono

岩波新書
1259

はじめに——なぜ、国家神道が問題なのか？

日本人の多くは「無宗教」だと言われる。確かに現在、特定宗教の教えや礼拝に慣れ親しんではいないという人が多い。しかし、はたして日本人はずっと「無宗教」であり続けたのか。早い話、戦前（第二次世界大戦前）はどうだったか。戦前の日本人は「無宗教」だったのか。問題を解く鍵の一つは、「国家神道とは何か」を明らかにすることである。

国家神道の唱歌を覚えた日本人

一八九〇（明治二三）年に教育勅語が下された。明治天皇が教育の根本精神について国民に授けた「聖なる教え」だ。この後、小学校は天皇の聖なる教えに導かれる場となっていった。それから敗戦までの数十年の間に多くの日本人が神道的な拝礼に親しんだ。伊勢神宮や皇居を遥《よう》拝《はい》し、靖国神社や明治神宮に詣で、天皇の御真影と教育勅語に頭を垂れたのだ。これは国家神道の崇敬様式にのっとったものだ。「国家神道」という言葉の問題は第二章であらためて検討するが、天皇と国家を尊び国民として結束することと、日本の神々の崇敬が結びついて信仰生活の主軸となった神道の形態である。戦前はおおかたの日本人が国家神道の影響下で生活し、その崇敬様式に慣れ親しんでいた。

大正時代の後半に生まれた私の両親の世代は、二月一一日の紀元節に小学校で歌われた次のような唱歌はそらで憶えていた。私なども子供の頃、その歌詞を聞いた記憶がある。

雲に聳《そび》ゆる高千穂《たかちほ》の。高根おろしに草も木も。なびきふしけん大御世《おおみよ》を。仰ぐ今日こそたのしけれ。（高崎正風作詞、伊沢修二作曲）

子供たちは「高千穂」とは天照大神《あまてらすおおみかみ》の血を引く天孫《てんそん》瓊瓊杵尊《ににぎのみこと》が天降った日向《ひゅうが》（宮崎県）の山であることを教えられた。「大御世」は瓊瓊杵尊の子孫である万世一系《ばんせいいっけい》の天皇、つまり皇祖《こうそ》皇宗《こうそう》を継ぐ天皇による治世を指している。しかし、この唱歌の中心場面は日向ではなく飛鳥（奈良県）だ。この歌の三番は初代天皇である神武天皇の即位について述べている。

天津《あまつ》ひつぎの高みくら。千代よろずよに動きなき。もとい定めしそのかみを。仰ぐけふこそたのしけれ。

「天津ひつぎ」とは天照大神の神勅によって皇位を継承する者、「高みくら」は継承されるべき天皇の玉座を指す。「もとい定めしそのかみ」とは、神武天皇が最初の天皇として祭政一致の統治を始めた原初の時をいう。この神話的存在である神武天皇が即位したとされる場に橿原《かしはら》神宮が創建されたのは、これまた一八九〇年のことである。

国家神道は神社とともに、いやそれ以上に学校で広められた。紀元節に限らず戦前の祝祭日は、おおかた皇居で重要な天皇の神事が行われる日だった。皇室神道・神社神道・学校行事が国家神道の主要な儀礼の場だった。子供たちは教育勅語や修身科や歴史の授業を通して、「万世一系」の天皇統治を讃美する国体思想や天皇崇敬の教えに親しんでいった。

神道と神社は同一ではない

神道についてよくある誤解は、神道は神社と神職とその崇敬者の宗教だとすることだ。これは狭い神道理解だ。神道とは日本の土地に根ざした神々への信仰を広く含んでいる。神社参拝以外の形で、たとえば天皇崇敬という形で神々への信仰が鼓吹されることも多い。実は天皇崇敬こそ国家神道の主要な牽引車だった。国家神道は神社以外の場、とりわけ近代国家の構成員になじみが深い学校や国民行事やマスメディアを通して広められた。それは江戸時代に形作られ国体論を拠り所とし、国民国家とともに形成された神道の新しい形態だった。

では、神道の長い歴史のなかで国家神道はどのような位置をもつのだろうか。民間の神道は神道とも言えないような不定型な民俗宗教と地続きであり、その起源がいつなのかを示すのは難しい。有史以前の弥生時代、さらには縄文時代に由来するものもあるかもしれず、これを「古神道」とよぶ人もいる。

しかし皇室神道・宮廷神道となるとある程度、起源を見定めることができる。七世紀の終わりから八世紀の初め頃、天武天皇、持統天皇らの時代に唐の国家体制にならって国家儀礼や法体系が整備され、宮廷神道の基礎は確立した。だが、中世の日本では仏教が優勢であり、宮廷神道は日本列島の諸地域の住民の生活とは関わりが薄い目立たぬものになっていた。これを国家の中心にすえようとするのが国体論や祭政一致論で、江戸時代に次第に高揚し明治国家の基本理念となった。

第二次世界大戦後、GHQ（連合国軍最高司令官総司令部）は日本の軍国主義や超国家主義は宗教のあり方と深く関わっていたと考えた。とりわけ政教関係に大きな問題があったとして早急に手を打とうとした。日本人を無謀な侵略戦争に導いた宗教とイデオロギーの悪影響を取り除かなくてはならないとの判断だ。そこで一九四五（昭和二〇）年一二月一五日にいわゆる「神道指令」が、四六年一月一日にいわゆる「天皇の人間宣言」が下された。

国家神道の教えから日本人論へ

これをもって国家神道は「解体」されたと理解されてきた。かわって日本人論がさかんに論じられ、日本人が「無宗教」だとか、民間の神道に代表される「固有信仰」「自然宗教」こそ日本人の宗教の変わらぬ基盤だといった議論が活発になされるようになった。戦前は国家神道や国体論によって日本人としての自己理解を得てきたのだが、日本人論はその欠落を埋めるような意義をもったと言えるだろう。

しかし、この指令でいう「国家神道」とは、〈国家祭祀の機関として特別な地位を与えられた神社神道〉という狭い範囲に限定されている。「解体」されたのは国家と神社神道の結合であって、皇室祭祀はおおかた維持された。その後、皇室祭祀と神社神道の関係を回復し、神道の国家行事的側面を強めようとする運動が活発に続けられてきた。たとえば、建国記念日の制定(「紀元節復活運動」)、伊勢神宮と皇位が不可分だと政府に認めさせること(「神宮の真姿顕現運動」)、行幸する天皇に三種の神器を伴わせること(「剣璽《けんじ》御動座復古運動」)などだ。

一九四五年以後も国家神道は存続している。明治初期には国民になじみが薄かった国家神道も、明治後期以降、次第に天皇崇敬と結びついた民間の運動に支えられ、民間の運動と呼応しながら強化されるようになっていった。戦後は民間団体となった神社・神職組織(神社本庁)が国家神道運動の主要な担い手の一つとなった。戦前に比べ薄められてはいるが、「神の国」の信仰を受け継ぐ国家神道は今も多くの支持者がいる。それも信教の自由に属するが、他者の信教の自由(日本国憲法二〇条)、思想・良心の自由(日本国憲法一九条)を抑圧しない範囲にとどめなくてはならない。

だが、この本で私が述べたい主なことはこのことではない。「国家神道とは何か」が見えなくなっているために、日本の文化史・思想史や日本の宗教史についての理解もあやふやなものになっている。当然、「日本人」の精神的な次元でのアイデンティティが不明確になる。「国家神道とは何か」を理解することは、近代日本の宗教史・精神史を解明する鍵となる。この作業を通して、明治維新後、私たちはどのような自己定位の転変を経て現在に至っているのかが見えやすくなるだろう。このことこそ、この本で私がもっとも強く主張したいことだ。

戦後の日本で、日本人論や日本文化論とよばれるものが、諸外国に例をみないほどもてはやされてきた主要な理由の一つは、ここにあると考える。日本人論や日本文化論は役に立つものも少なくないが、概していえば多様な日本人を単純化する一方、他の国民との違いが強調されすぎている。「国家神道とは何か」を考えていくことで、おおまかにすぎ、また日本人・日本文化の独自性を過度に強調する傾向があった日本人論や日本文化論を相対化し、日本の文化史・思想史や日本の宗教史についてより的確な理解に近づいていけると考える。

国家神道の構造と骨格を描く

本書では、まず、明治維新から第二次世界大戦終了までの時期、国家神道とその他の宗教や精神文化とが重なり合いつつ棲み分ける宗教地形(世界観構造)が形成されていたことを示す。国民の間で広く共有される国家神道と、それぞれの人々が信奉する多様な宗教や思想があり、多くの国民はその双方にまたがる二重構造の下でものごとを考え、生活秩序を形成していた(第一章)。このことを的確に見定める上で重要なのは、皇室祭祀や国体思想が神社・神職が関わる神道とどのような関係にあったかを理解することだ。ところが、従来、「国家神道」という用語の意義が混乱していたために、皇室祭祀や国体思想と神社・神職が関わる神道の関係が不明確になり、国家神道の全体像が見えにくくなっていた。そこで、その混乱の由来を考え、「国家神道とは何か」を捉え直す作業が欠くべからざるものとなる(第二章)。

続く第三章では、国民の力を結集して西洋諸国に対抗し、近代国家を打ち立てようとした明治維新において、国家神道の樹立が柱の一つとされた経緯について見ていく。国家神道の構想はどのように提示され、固められていったのか。祭政一致(祭政教一致)による天皇中心の国家を作るという理念が提示されてから、国家神道の諸装置が定まっていくまでには紆余曲折があった。その過程のおおよそを示すのが第四章の課題だ。国家神道が絶大な威力を発揮したのはアジア太平洋戦争の時期(一九三一―四五年)だが、敗戦とともに占領軍はその「解体」を掲げて一連の施策をとった。では、事実、国家神道は解体したと言えるのか。第五章ではこの問いに向き合い、皇室祭祀の機能に注目すると、必ずしも国家神道が解体されたとは言えないことを示す。

このように、本書は第一章と第二章で「国家神道とは何か」を近代日本の宗教や思想の構造的関係という視点から論じ、第三章から第五章で江戸時代後期から第二次世界大戦後に至るまでの「国家神道の歴史」の骨格を描き出す。大きな問題を一冊の小さな書物にまとめるために「構造」や「骨格」を浮き彫りにすることを目指したが、人々の精神生活と生活世界の具体性から離れてしまわないよう、できるだけ実例に即して述べるようにも努めた。

言うまでもなく、近代日本人の精神生活は複雑で多様な内実を含んでいる。だが、その全体像や見取り図はやはり必要だ。数多くの日本人論が生産されてきたのは、こうしたニーズが根強く存在していることを示している。

国家神道の解明が重要であるわけ

本書は「国家神道とは何か」を論ずることで、こうしたニーズに応えようとするものだ。だが、それはもう一つの日本人論を生み出そうとするものではない。むしろ、「国家神道とは何か」を解明することで、日本人論が生み出されてきた精神史的な背景を、かなりの程度、解明することができるという立場に立つ。国家神道は、精神生活の全体像を提示しながら、客観性において一段高い叙述を行うための鍵概念なのだ。

本書は歴史研究と比較研究を通して、より正確な事実認識と概念構成に基づく歴史叙述に近づくことを目指している。実証的な歴史研究と公共哲学的・比較文化的・社会学的な研究とを橋渡ししていこうとするものだ。国家神道の構造と歴史を明らかにすることで、近代日本の宗教史・精神史・思想史の現実を、資料に即して全体的な展望のもとに適切に理解していくことができるようになる――これが私がまず主張したいところだ。どこまでこの意図が実現しているか、読者にぜひご批評いただきたい。

国家神道とは何かという問いは、戦前の天皇崇敬や攻撃的な対外政策に宗教がどのように関わっていたかという問題と大いに関わりがある。またそれは、第二次世界大戦後の日本で信教の自由や思想・良心の自由がどのように保たれてきたか、また、今後、どのように保たれていくべきかという問題とも深く関わっている。確かに政教関係をめぐる政治的、法的問題に焦点をあてているわけではない。だが、これらの論争的な諸問題がつねに念頭に置かれているのも事実である。

国家神道とは何かを的確に理解し、近代日本の宗教構造への考察を深めていくこと、これがこの本の第一の目標である。そして、それを通して近代宗教史のさまざまな局面に新たな光をあてようとしている。そうした作業を通して、現代日本における信教の自由や政教分離についてどのように考えていけばよいか、その手がかりを提供することをも望んでいる。

さまざまな立場に立つ人が概念の意義内容を共有し、歴史認識の相違について相互に理解しあえるように土台を構築していきたい――その際、「国家神道とは何か」の解明がたいへん重い意義をもつ。これが長期にわたってこの問題に取り組んできた筆者の固く信ずるところである。

付記　引用文中の旧字は新字に改め、適宜句読点や濁点を補った。
本文で参照した文献は、巻末に著者名の五十音順で掲げた。

国家神道と日本人

目次

目　次

第一章

国家神道はどのような位置にあったのか？

― 宗教地形 ―

1　「公」と「私」の二重構造

真宗僧侶、暁烏敏の日本精神論

浄土真宗の僧侶で大正期から昭和期にかけて、たいへん大きな影響力をもった人物に暁烏敏《あけがらすはや》(一八七七―一九五四)がいる。加賀の農村部(北安田、現・石川県白山市)の真宗大谷派寺院の長男として育った暁烏は、学生時代に京都で、帝国大学の哲学科出身の学僧、清沢満之《きよざわまんし》に出会い、信仰を確立する。

清沢満之は親鸞《しんらん》の教えに近代思想の表現を与え、日本の近代宗教思想の基礎を作った人物の一人で、その門下からは多くのすぐれた弟子が育った。暁烏も満之の影響の下、悪業を免れない凡夫であることを痛切に自覚し、ただひたすら阿弥陀仏の慈悲を信ずる絶対他力の信心を得る。東京に出て共同生活をしながら、満之が掲げる「精神主義」の運動に深く関わり、雑誌『精神界』の刊行に携わった。早くから『歎異抄講話』などの著作で注目を集め、昭和期には真宗大谷派の著名な信仰者として講演や著述活動に追われる存在となっていた(野本永久《とわ》『暁烏敏伝』)。

その暁烏は一九三〇年頃から、『古事記』や聖徳太子に関する文献を熱心に読みふけるようになり、皇道（大和魂、日本精神）と真宗信仰の一体性を主張するようになる。「非戦論者」を自称していた暁烏だが、一九三一（昭和六）年、満州事変が始まると、その立場を転換させる。当時の講演では、「私は戦争には反対です」と言いながら、では「牢《ろう》へ入れられても、殺されても、反対をするか」と問いかけ、「私は、戦をするのが悪いといふことを一応は言ふけれど、さういふ自分がやはり凡夫である」、「戦をするといふことが或《あるい》は本当の道かもしれんのである」、「広い心には執着といふものがない。軽く自分の意見を捨てゝゆけるのである」と述べるようになっていた（同前、五三八—五三九ページ）。

一九三六年一一月の講演では、「今まで親鸞聖人の御手引で聖徳太子のもとに連れられて来たが、今は日本の古い神々の御手引で聖徳太子のもとに連れられて来ました。日本の国体精神を明かにする為にも日本の仏教の精神を明かにする為にも聖徳太子の御心に出合はなければならないのです」と述べている。これは京城（ソウル）の南山本願寺で行われた講演記録の一節で、その全体は『神道・仏道・皇道・臣道を聖徳太子十七条憲法によりて語る』と題して、暁烏自らが営む香草舎から刊行されている（上記引用文は、三—四ページ）。この講演記録の教育勅語にふれた部分では、教育勅語こそ日本精神を明確に示した文書だといい、「日本精神は主義ではない。人間の考へるやうな主義や説とは違ふのであります。日本の国がよつてもつて拝んでをるところの皇祖《こうそ》皇宗《こうそう》の御魂が日本精神であります」と述べられている（同前、三七ページ）。

この講演がなされた頃の暁烏は、自らが「皇道」に従う者であると強く自覚するようになっている。表題に「皇道」と「臣道」の二つの語があるが、「皇道」というのは天皇自身の道であり、それに従う臣民の道は「皇道」とよぶべきではなく「臣道」「臣民道」とよぶのがふさわしいという考えを示している。アジア太平洋戦争期の暁烏は、自ら真正な仏教徒であり、かつ「皇道」「臣道」の徒でもあるという立場に至っていた。阿弥陀仏への帰依と教育勅語の鑚仰《さんぎょう》が並び立つものとして説かれるようになる。

皇道・臣道と真宗信仰の関係

日本の臣民の教育はこの明治天皇様のお心の中《うち》の御本尊を拝むことである。ところが、かく申す私は日本のお国が貴い天照大神《あまてらすおおみかみ》様の御心で肇《はじ》められたお国であり、天照大神様のお徳によつて荘厳《しょうごん》せられたお国であると思つてをらなんだのであります。『無量寿経』を承りますと、極楽浄土が阿弥陀如来の本願によつて立てられ、阿弥陀如来の修行によつて荘厳せられた国であると承るやうに、我が日本の国は天照大神様の御本願と天照大神様の御修行で出来たお国である。我々の祖先の神々はその御心を奉戴して数千万年の間この国を成してきた尊い国である、かく仰せられるのであります。（中略）私自身が濁悪《じょくあく》邪見の心で濁してをつたのであります。自力我慢の根性でこの尊い大御心を穢してきたのであるといふことをだんだん気附かしていただくやうになりました。（同前、三二一―三二二ページ）

このような立場に至るには、国家や政治と宗教や祭祀の関係について考え方の変化があった。つまり、「政教分離」から「祭政一致」への転換、あるいは力点の移行である。

日本の寺の初めは天皇の御恩の為に親の御恩の為に建てたのであります。真宗寺院に天牌《てんぱい》の安置されてあるはこの心持を現してをるのであります。／今日の人たちは政治と宗教とは別のやうに考へてをりますが日本は昔から祭政一致の国であります。私も曾《かつ》ては宗教は政治でないといふやうに思うてをりましたが、今日では政治と宗教とは別のものだとは考へてをりません。（同前、一四―一五ページ）

「天牌」というのは、真宗教団が天皇を尊んで仏壇に置いたものだ。これまで暁烏は、神道と不可分の天皇崇敬と、自らの全存在をかけた真宗信仰は、次元を異にすると考えていた（「政教分離」）はずだ。ところが今や、その真宗の信仰世界のただ中に、国民の祭祀としての天皇崇敬（「祭政一致」）を正面から組み込むことを宣言している。

これは、真宗の教団活動の中にまで全面的に祭政一致を持ち込もうとするものだが、このような考え方が持ち出されて受け入れられるのは、当時の日本社会で「祭政一致」がごくふつうの生活の中にまで入り込んでいたからに他ならない。真宗教団に所属する人々（「門徒」とよばれる）、その周囲にいる人々にとって「祭政一致」や「皇道」はさほどの違和感がある言葉ではなかった。

教育勅語を暗唱し、天皇への礼拝を行い、修身教育を受けてきた世代の人々、とりわけ高学歴でない人々、つまりは西洋風の学問知識や概念になじみが薄い人々にとっては、天皇崇敬や皇道や祭政一致はごく自然なものになっていた。

庶民と高学歴の人々の違い

彼らの中には、仏教徒やキリスト教徒や天理教、金光教のような教派神道の信徒もいたが、そうした人々の中では天皇崇敬と諸宗教の信仰が二重構造をなしていた。

ただ、他方で、「政教分離」や「信教の自由」も保障されなくてはならないと考える人も数多くいた。高学歴層で西洋で育てられた近代的な制度や思想を、中学校以上の教育観でたっぷり学んできた人々の中には、天皇崇敬は形式的なものと考えていた人も少なくなかった。暁烏自身、「政教分離」や「信教の自由」の前提の下で、これまでの自らの真宗信仰が成り立ってきたと考えていた。だが、この時期にはそれまでの真宗信仰の枠組を崩すことなく「祭政一致」重視の立場へと移行できると考えるに至ったのだ。

戦時中の暁烏個人の頭の中では、「祭政一致」を具現する「皇道」「臣道」と、「政教分離」の下で存在したはずの真宗信仰や仏教の「信心」とが二重構造をなしていた。真宗信仰を強く主張するはずの僧侶がそのような立場をとるようになったのは、「非常時」的な状況に迫られたものだろう。しかし、一般の真宗の門徒、とりわけそれほど熱心ではない門徒の生活世界では、それ以前から「皇道」「臣道」にあたる天皇崇敬と「信心」＝真宗信仰は共存していた。公的な場面では「皇道」に即した態度をとり、私的な場面では「信心」に即した振る舞いが求められていた。社会の中にそうした宗教地形(世界観構造)があり、それに適応していたのだ。

「政教分離」と「祭政一致」の共存

ここで「皇道」「天皇崇敬」と「諸宗教の信仰」「信心」の関係として見てきたことは、戦後には「国家神道」と「宗教教団」の関係として論じられるようになる。その用語法を戦前に遡って適用すれば、一九三〇年頃から四五年までの時期には、「国家神道」と「宗教教団」の一体性が強められたと言える。

だが、すでにそれ以前から「国家神道」と「宗教教団」は、人々の生活の中で棲み分けされ関連し合って両立していた。「国家神道」は「宗教」ではない国家統治の儀礼(祭)や道徳の教え(教)の領域の事柄であり、その限りで「祭政一致」や「祭政教一致」は成り立つべきものとされていた。その意味で「祭政一致」に関わる国家や政治の儀礼や教えと、一人一人の心の事柄である「宗教」の領域は別個の領域のものとされていた。つまり、「政教分離」も「祭政一致」もそれなりに成り立っていたことになる。

このような一見、奇異な状況は、「国家神道」が「宗教」ではなく「祭祀」に関わることだとする国家制度的前提と関わりがある。一八七〇年代から大日本帝国憲法の公布(一八八九年)までに整えられていった宗教制度と法体系のもとでは、「国家神道」は「宗教」ではなく「祭祀」に関わることだと規定されていた。そして「国家ノ宗祀」(一八七一年五月一四日太政官布告。

第四章第3節)という語が示すように、「国家神道」の「祭祀」は国民すべてが関与すべき公的次元の事柄だとされた(「祭政一致」)。他方、諸「宗教」集団は、国政とは異なる次元に本来の場があり、その限りで自由な活動を認められている(「政教分離」「信教の自由」)。これは国家行事や学校では「国家神道」が、寺院や家庭や伝統的共同体では「宗教」が規範となる状況と照応した体制だ。このような「国家神道」と諸「宗教」の共存のあり方を宗教の二重構造とよんでよいだろう。

では、このような状況はどのようにして生じたのか。明治維新以降、「祭政一致」と「政教分離」がそれぞれどのように制度化されていったのか。近代日本の宗教構造を明らかにするには、宗教や祭祀の制度が形成されていく経緯について検討していかなくてはならない。しばらく明治維新(一八六八年)から大日本帝国憲法の公布(一八八九年)と教育勅語(「教育ニ関スル勅語」)の発布(一八九〇年)に至る時期の「祭政一致」や「政教分離」に関わる制度形成過程をふり返ることにしよう。

2　「日本型政教分離」の実態

幕末の志士たちを立ち上がらせ、団結させたスローガンは「尊皇攘夷」だった。しかし、明治維新に至るまでにこの理念の内実は激しく揺れ動いた。

「神道国教化政策」で突き進む

ペリーの来航から大政奉還までの間に、おおよそ「攘夷」から「開国」「文明開化」へと転換したが、その間、対外戦略とともに国家構想も模索が続いた。

いったん開国の方針が決まると、どのように、またどこまで強力な西洋諸国の諸制度を取り入れるのかについて、難しい判断を迫られ、政府の方針はときに相互に矛盾しているようにも思われた。富国強兵のためには西洋の諸制度を取り込まねばならず、そのためには国民統合を価値理念とする建前に反する施策をとらねばならないこともあった。

だが、「尊皇」の具体化として祭政一致の体制を目指すという点では揺るぎがない。維新政府は大政奉還の翌年、一八六八(慶応四)年三月一三日に祭政一致、神祇官再興の布告を行っている。また、その翌日には、五箇条の誓文のための「誓祭」が行われた。後者(誓祭)は前者(祭政一致の理念)を具体化したものとみることができる。国家的な意思の結集に際して、神道儀礼が行われるという体制の先例がここで作られた。さらにキリシタン禁制の確認強化(三月一五日)と、神仏分離令(三月一七日)が公布される。

祭政一致の理念はまた、神社優遇による神道国家樹立を目指す政策に具体化されていった。神仏分離令はこれまで神社を支配下においてきた仏教寺院の影響力を排除し、神社を自立させ、その地位を仏教の上位に高めようとするものだ。以後、全国各地で廃仏毀釈《はいぶつきしゃく》とよばれる仏教や民俗宗教への抑圧の嵐が吹き荒れた。これまで僧侶の下位に位置づけられていた神職やその支持者がこれを機会に仏教施設を破壊したり、地域の権力者が国学や儒学や文明化の思想に基づいてむりやり寺を廃止したり、統合したりする例もあった。神仏習合の宗教活動になじんできた人々の中には、仏教寺院に見切りをつけて神道的な宗教活動へと転ずる人々もいた。

神道国家の国家体制の整備も進められた。一八七一(明治四)年五月から七月にかけて全国の神社を官社と諸社に分け、官幣社、国幣社、府社、県社、郷社、村社、無格社に序列化する社格制度が制定される。全国の神社を国家が組織化しようというものだ。同年七月には従来の宗門改め制にかわって氏子調《うじこしらべ》制度を制定し、すべての国民が地域の神社に氏子として住民登録することを目指した。全国民を神社に登録させ、神社への帰属を確認させようとするものだ。

非現実的な政策からの軌道修正

これらのラディカルな宗教統制政策、神道国家樹立政策のうちには、激しい抵抗が起こるものもあった。仏教の抑圧に危機感を感じた地域民衆の叛乱が

略年表　明治初期の宗教政策

1868(慶応4・明治元)	祭政一致，神祇官再興の布告．神仏分離令布告．宣教使設置
1869(明治2)	皇道興隆の御下問
1870(明治3)	大教宣布の詔
1871(明治4)	太政官布告(神社は「国家ノ宗祀」)．神祇官，神祇省に格下げ
1872(明治5)	神祇省廃止，教部省設置(大教院を中心とした神仏合同布教)
1873(明治6)	切支丹禁止の高札の撤去
1875(明治8)	真宗四派，大教院を脱退．大教院廃止．信教自由の口達(教部省)
1877(明治10)	教部省廃止，内務省社寺局に事務を移す
1882(明治15)	神官の教導職兼補を廃し，葬儀に関与しないものとする
1884(明治17)	神仏教導職全廃(聖職者の国家認定制廃止)
1885(明治18)	「神社改正の件」(伊勢神宮以外の神社への財政支援切り捨て予告)
1889(明治22)	大日本帝国憲法発布
1890(明治23)	教育勅語発布
1900(明治33)	内務省，神社局を設置．社寺局は宗教局となる
1906(明治39)	国庫供進金制度(神社への財政支出の制度化)

起こったし、仏教教団は政府に働きかけて仏教排斥運動の抑制を求めた。廃仏毀釈は一八七〇年代の半ばには収束していく。また、非現実的な構想であったため、撤回せざるをえなかった新制度もある。神祇官はすぐに神祇省に格下げされ(一八七一年八月)、ついで神祇省も翌年、廃止となる。それに伴い、神祇に関わる職掌から宮中祭祀を切り離して天皇に関わる特殊領域に位置づける一方、神道仏教双方を扱う行政組織として教部省が設置され、神社に関わる事柄は教部省の職掌となる(一八七二年)。七三年には氏子調制度も撤回される。西洋諸国の要求に配慮し、対等な外交関係を打ち立てるため

に、七三年にはキリスト教の布教も容認される(キリシタン禁止の高札の撤去)。

こうした経過は、「神道国教化」政策が撤回、ないし修正されていった過程と理解されている。だが、「神道国教化」の「撤回」ということが何を意味するか、必ずしも明確ではない。というのは、その後も神道はある種の国教的地位を保持し、次第に高めていったとも言えるからである。確かに「政教分離」へ向かっていく内実も含まれていた。しかし、「祭政一致」の理念もまた堅持されたのだ。

一八六八年から七〇年代半ばまでのいくつかの施策の特徴は、皇室祭祀や神社を結びつけた特定の神道のあり方を国民に強制し、それとは異なる宗教集団や信仰生活のあり方を攻撃したり排除したりするような内実をも含んだ神道優遇策だった。だが、それ以後も、強制的な押しつけや宗教集団への攻撃・排除は避けながらも、皇室祭祀と神社を結びつけた特定の神道のあり方を国民に有効に浸透させようとする政策が着々と進められていったのだ。

「政教分離」の内実

一八七二年に設置された教部省は、神道、仏教、民俗宗教のすべての宗教集団を管轄する官庁で、「大教宣布」のための機関と位置づけられた。宗教集団としては神道以外の勢力をも容認し、「大教」を広めるという国策に協力させる点では、いちおうより融和的な態度に変わったといえる。神社は神祇省から教部省に管轄が移され、仏教諸宗派や民俗宗教の集団と同じような民間宗教集団としての処遇を受けることとなった。

他方、仏教は国家から「大教宣布」という公的な役割を与えられて地位が向上したことになる。実際には公的な役割が何であるのか、必ずしもはっきりしていなかったが、新しい国家の建設に協力しなければ宗教活動ができない体制であることは確かだった。認められれば宗教活動をする自由は得られたが、それはあくまで「大教宣布」という窮屈な枠組の中でのことにすぎなかった。

教部省は宗教家を「教導職」として認定登録し、宗教活動に許可を与えるとともに、大教院、中教院、小教院という施設を活動拠点とする体制をとった。大教院はこの活動の中心施設で東京に置かれ、中教院は府県庁所在地に、そして各地域の寺院や神社を用いて小教院が置かれることとなった。宗教活動を行うにあたっては、「三条の教則」を柱として説教を行うよう命じられた。「三条の教則」とは、「大教」の大枠を簡潔に示した以下のようなものである。

第一条　敬神愛国ノ旨ヲ体スベキ事
第二条　天理人道ヲ明ニスベキ事
第三条　皇上ヲ奉戴シ朝旨ヲ遵守セシムベキ事

第二条の「天理人道」を明らかにするというのは茫洋とした内容だが、第一条の「敬神愛国」、第三条の「皇上ヲ奉戴シ」は「祭政一致」理念に合致するものであり、神道信仰を広めるとともに、信教の自由を制限する可能性をもったものだった。

窮屈さの他の理由は、諸宗教が共同で活動しなくてはならない、それも神道の優位のもとで活動しなくてはならないということだった。大教院は一八七三年一月に東京の紀州邸で開院式を行い、ついで芝の増上寺源流院に移ったが、そこには造化三神《ぞうか》(天御中主神《あめのみなかぬしのかみ》、高皇産霊神《たかみむすびのかみ》、神皇産霊神《かみむすびのかみ》)と天照大神《あまてらすおおみかみ》が祀られ、僧侶も神職とともに神道式の礼拝を行わされた。中教院にも造化三神と天照大神が祀られる規則になっていた。

このため仏教界には不満が強く、一八七五年には真宗四派(本願寺派、大谷派、仏光寺派、興正派)が大教院を脱退し、大教院は解散することになる。それでも教部省のもとで教導職の資格をもった者が宗教活動を許されるという体制が続くが、八四年には教導職制度が廃止されることになり、神社を除く神道(教派神道)・仏教諸宗派の宗教集団はようやく国家の統制から自由に宗教活動をすることができるようになる。

これが日本の宗教集団が「政教分離」や「信教の自由」を自覚的に目指した最初の機会だったと理解されている。しかし、大教院を脱退した宗教者も多くの場合、神聖な天皇への崇敬による国民統合について反対していたわけではなかった。明治日本でなされた「政教分離」が、どのような意味、どのような程度で「信教の自由」を基礎づけたのか、よくよく考え直してみなくてはならない。

今述べてきたように、教部省が宗教家を統制し、教部省に認定された教導職のみが宗教活動を許されるという体制が崩れるのは、一八八〇年代のことである。この過程で仏教宗派や教派神道は、教団の自治を認められた。国家に公認されて、ある程度の宗教活動の自由を認められる集団が並び立つこととなった。他方、神社はそれらの私的な宗教集団とは異なる国家機関であると位置づけられ、「宗教」とは異なる「祭祀」を司る施設だということになった。

諸宗教集団と国家祭祀機関としての神社

官幣社や国幣社では神葬祭は禁じられた(ただし、府県社以下の神職の葬儀は当分の間、認められることとなった)。また、無病息災、商売繁盛、家内安全を求めて神に祈るというような宗教活動についても抑制を求められることにもなった。国家からの財政的支援もある時期までは乏しいものだった。公的機関であるが故に「宗教」の上位に立つはずの神社だが、明治期には建前に比して必ずしも優遇されたとは言えない状況が続いた。これは神道史学の立場の「国家神道」研究者が強調する点である(阪本是丸『国家神道形成過程の研究』など)。

宗教集団と神社とが異なる法的地位にあることが行政組織上も明確に示されるのは、ようやく一九〇〇年のことである。大教院を中心とした神仏合同布教体制と不可分だった教部省はすでに一八七七年に廃止され、宗教行政は内務省社寺局に移されていたが、この年、内務省社寺局は、神社局と宗教局に分離し、神社神道は「宗教ではない祭祀」を司る集団として、諸宗教集団とは別個の所属官庁部局をもつようになる。
神社界に対する国家の経済的な支えも、一九〇六年から官国幣社に対する国庫供進金が給されるようになる。府県社以下の社格の神社への地方公共団体からの神饌幣帛料の供進も可能となる。神社はまずは官国幣社から、次第に府県社等も国家機関としての性格を強めていく。小さな神社を大きな神社に統合して、国家機関としての神社にふさわしい神社のみ残そうとする神社合祀政策がスタートするのも一九〇〇年代のことである。その進展は地域によって大きな開きがあるが、一九〇〇年代の一〇年ほどの間に二〇万あった神社のうち六万ほどの小社が整理されることとなる(『日本帝国統計年鑑』)。こうして国家と神社の一体性が強められていった。

国家機関としての性格を強める神社

以上のような経過を経て、民間団体としての諸「宗教」と国家の「祭祀」機関としての神社が分けられる体制が確立する。明治初期の数年間に諸宗教はむりやり神道に従属するような地位に置かれたが、一八七〇年代からじわじわと信教の自由を獲得していった。そして、「宗教」と「祭祀」の分離によっていちおうの落ち着きどころが見出された。

この経過の決定的な転換点は、教部省の合同布教体制から真宗四派が脱退する一八七五年、また、神道界が宗教側(宗教神道、教派神道)と祭祀側(神社神道)に分岐していく一八八二年頃と見られる。この後者をもって「日本型政教分離」(安丸良夫『神々の明治維新』二〇八ページ)が成しとげられたと見なされてきた。大日本帝国憲法(一八八九年)には第二八条に「日本臣民ハ安寧秩序ヲ妨ゲズ及臣民タルノ義務ニ背カザル限ニ於テ信教ノ自由ヲ有ス」と述べられており、曲がりなりにも信教の自由が制度化されていく。

これは確かに仏教、教派神道、キリスト教がいちおう「自由な」宗教活動を保証されたということかもしれない。しかし、では、国家は神道色を脱したのかというとそうではない。神道は宗教ではない国家的機関として、国民の精神生活に強い影響力を及ぼす存在になっていった。この点でとりわけ意義深いのは、靖国神社や招魂社(後の護国神社)の存在だろう。戦死した兵士を祭神として国家が祭祀し、天皇が礼拝する荘厳な儀礼を国民は強く意識することとなった。

また、この間に天皇と皇室が国家の中枢としての地位を強めていき、その天皇と皇室が神道の象徴的存在としての地位を高めていった。そして、神社と「天皇の祭」は緊密な結合をもったものとなる。国家「祭祀」機関である神社は、戦死者の祭祀に関わることにより、また、「天皇の祭」との結合を強めることにより、国民生活への影響力を強めていった。

靖国神社については第四章に譲り、ここでは明治前期の「天皇の祭」について述べていくことにしたい。

3　皇室祭祀と「祭政一致」体制の創出

前節では、明治国家が神社を「公」の国家「祭祀」機関とし、「私」的な領域である仏教・キリスト教・教派神道などの「宗教」団体と区別するという体制を生み出していったことを示してきた。本書の問題意識にとって重要なのは、祭政一致の国家構想は形をかえて堅持されたということだ。

祭政一致国家構想の組み替え

皇室祭祀と神社が構成する神道は、宗教以外のものと位置づけられた。一八八二(明治一五)年に神職は教導職を兼務できないこととされ、八四年には教導職そのものが廃止された。行政組織上も、一九〇〇年に神社は内務省神社局に、他の宗教団体は内務省宗教局に属することとなって、「公」としての神社と「私」としての宗教団体という区分が確立することとなった。一九一三(大正二)年に内務省宗教局が文部省に移管されると、神社行政と宗教行政の分離はさらに明確になる。

これは、「日本型政教分離」が明確になっていく過程だが、他方、明治維新の当初から描かれていた祭政一致(祭政教一致)国家構想が、当初のプランとは異なった形で具体化したということでもある。ここで注意しておかなくてはならないことは、「公」に属すべき「祭祀」の体系は神社だけから成り立っているのではないということだ。まずは、「公」の中核に位置すべきものとしての皇室祭祀、あるいは「天皇の祭祀」というべきものが考えられていた。神社が「祭祀」を司る国家の機関と位置づけられるようになったということは、「天皇の祭祀」に連なる祭祀体系の一環として「公」の存在に組み込まれたということである。

明治政府の当初の祭政一致国家構想では、神社が中心となって宗教的な役割をも果たしつつ、積極的な国民教化を進めることが目指されていた。神葬祭を行い、氏子調も実行できることが当時の国学者や神道家の理想だった。しかし、宗教界の一部として神社界を位置づけてみれば、その非力さが目立った。また、仏教界を初めとする諸勢力の抵抗も強く、強制によって国民の信念を変容させることの困難もすぐに見えてきた。そこで、各宗教宗派にはそれぞれの布教活動、信仰活動を「自由に」進めることを許容しつつ、祭政一致国家の統合秩序に組み込んでいけばよいという考え方に移行していった。

皇室祭祀への国民参加の展望

実際、神社界が教化の主導権を握ることができなくても、皇室の神道祭祀を基軸とした祭政一致国家を形作っていくことは十分に可能であるという展望が次第に開けてくる。そもそも祭政一致国家構想の中心は天照大神と皇室の祖神（皇祖皇宗）の祭祀だった。明治維新後、次第に天皇の存在感が増していくと、皇祖皇宗の祭祀を全国民に浸透させていく方策が見えてくる。

その際、神社も重要な役割を果たすが、それ以上に祝祭日のシステムや天皇・皇室に関わる儀礼へのメディアを介しての参与が、有効な国民統合の手段となることが分かる。また、予想されていなかった経路として、学校を通して、天皇・皇室への崇敬を育てていくという新たな「教化」の方策の展望も開けてくる。これらは特定の政治家や集団が計画的に押し進めていったものではない。近代国家の装置がどのように機能するかが理解されるとともに、祭政一致国家の理念に共鳴するさまざまな立場の人々――政界・官界指導部（薩長藩閥勢力が主軸だった）、神社界、神道・国学勢力、天皇周辺の人々など――の力が作用して、次第に形作られていったものなのだ。

祭政一致国家構想において皇室祭祀がきわめて重要な位置を占めるものだったことは言うまでもないだろう。では、明治維新に際して皇室祭祀はどのように近代国家制度に取り込まれ、国民生活に深く関わるものになったのだろうか。「伝統的」とか「古代以来の」と言われることが多い皇室祭祀だが、実は明治維新に際してきわめて大規模な拡充が行われ、その機能は著しい変化をこうむった。ほとんど新たなシステムの創出といってもいいほどの変容が起こった。これを取り上げずに、国家神道を論ずることも、近代日本の宗教地形を論ずることもできないほどの深い意義をもつ変容だった。

新しい皇室祭祀システムの創出

明治維新以後の神社神道のあり方の変化を、宗教集団をめぐる宗教制度という側面からみてきたが、近代の法制度や「信教の自由」という視点から宗教と国家の関係を問うと、自ずからそのような側面が重視される。そこで、神道の場合、神社に焦点が合わされることになる。

しかし、近代日本の神社組織は、皇室祭祀と密接な関わりをもつものとして整えられていった(第三章、第四章)。ところが、研究者の間では皇室祭祀の機能を宗教と国家の関係の問題として問うという視点は欠落しがちだった。そのため、西洋でキリスト教の教会(および教会に類する宗教集団)と国家の関係が問われてきた枠組を、そのまま他の文明、文化の状況にあてはめようとして混乱を続けてきている。日本の場合、実際には、近代の地域社会での神社や神道のあり方をみるときでも、皇室祭祀との関係に注目することがきわめて重要である。新たな皇室祭祀システムの形成について理解することは、近代に形成された宗教集団としての神社神道を理解する上でもたいへん重い意義をもつ。

明治維新に際しての皇室祭祀の大規模な拡充は、古代の「祭政一致」のあり方に返るという理念のもとに行われた。しかも、古代にそうであったように祭祀の多くを祭祀職に委ねるのではなく、天皇自らが祭祀の主宰者となる「天皇親祭」でなければならないと考えられた。すでに取り上げた、神祇官の再興や神仏分離、社格制度など、神社の地位強化に関わる政策も、皇室祭祀を頂点とする祭政一致国家の組織化の一環として構想されたものである。政教分離を謳いつつも祭政一致の国家構想が堅持されたと述べてきたが、それは近代国家にふさわしい制度として新たな皇室祭祀のシステムを創出することによって、可能となったのだ。

皇室祭祀の中心施設としての宮中三殿

京都の御所には賢所《かしこどころ》とよばれる施設があった。伊勢神宮のご神体で、三種の神器の一つである八咫鏡《やたのかがみ》とよばれる神鏡の形代《かたしろ》(本物を代替するもの)を祀るところだ。賢所は一八六九年の奠都の際に東京に遷され、皇居西の丸の山里の内庭に作られた仮の「御拝所」となった。一方、皇居の外に新たに作られた神祇官には、皇霊(維新以前は仏教式で御所の「黒戸」に置かれていた)と八神(神皇産霊神、高皇産霊神、魂留産霊《たまつめむすび》などの八神)、および天神地祇が祀られた。古代の神祇官にあったものを復興しようとしたものだ。

その後、まずは一八七一年に皇霊が宮中に遷され、続いて神祇官の神祇省への格下げ、廃止に伴って、八神と天神地祇も宮中の賢所の聖域へと遷された。第三章でも述べるが、これは神社の立場からは神社神道の神々の「格下げ」と見ることもできるが、別の角度から見れば天皇親祭を基軸とする皇室祭祀、宮中祭祀の「格上げ」でもあった。

こうして国家的神祇祭祀の中心的な場は、明治初年の数年の間に京都から東京へ、そして神祇官から宮中へと移動することになった。一八八九年には新たな御所の造営に際して、皇居の吹上御苑にりっぱな神殿が建立され、賢所、皇霊殿、神殿からなる「宮中三殿」とよばれるようになる。それはまた、皇祖神である天照大神を祀る伊勢神宮に対応する国家中枢の施設であり、天皇親祭・祭政一致体制の「祭」が継続的に行われる独自の儀礼空間である。三殿の前は白砂が敷き詰められ、大嘗祭《だいじょうさい》・新嘗祭《にいなめさい》が行われる神嘉殿《しんかでん》や神楽舎などとあわせて、二二〇〇坪という広大な神域である。この宮中三殿は今も実在しており、第五章で述べるように、皇室祭祀の中心的な空間として、なお大きな役割を果たし続けている。

皇居内にこのようにりっぱに整った神殿を設けることは、日本の歴史には前例がない。近代国家の柱として天皇親祭による皇室祭祀体系を置く理念が打ち立てられたために、このようなまったく新たな施設が必要になったのだった。もちろん皇室祭祀自体は長い歴史をもつ。だから、これまでも小規模な皇室神道は存在した。しかし、明治維新によって従来とは質的に異なる大規模な皇室神道が新たに創出されたといってもよいだろう。しかもそれらは宮廷社会でごく少数の人々の関与のもとに行われていたこれまでのものとは異なり、大多数の国民の精神生活に深い影響を及ぼすものとなった。

新たな皇室祭祀の体系——定期的な祭祀

では、新たに構築されていった皇室祭祀体系はどのようなものか。明治維新以前から引き継がれたものは何で、新たに付け加えられていったものは何か。

天皇が親祭する皇室祭祀、つまり天皇が自ら祭司の役割を担う祭祀は一三であるが、そのうち古代以来のものは、毎年の稲の新穀を天皇が天神地祇に供え、天神地祇とともに食する新嘗祭のみである。また、神嘗祭《かんなめさい》は新穀を神に捧げるもので、伊勢神宮のもっとも重要な祭祀だが、新たに宮中でも行うこととなった。他の一一の祭祀は、新たに定められたものである。

まったく新しい祭祀として際立つものは、元始祭と紀元節祭である。元始祭は一月三日に行われるもので、天孫降臨《てんそんこうりん》、すなわち天津日嗣《あまつひつぎ》(皇位)の始原を祝うもの、紀元節祭は初代天皇とされる神武天皇の即位を祝い、その即位日とされる日に行われる祭祀である。天皇が親祭する他の九つの祭祀は、例年行われる神武天皇祭、春季・秋季皇霊祭、春季・秋季神殿祭、先帝祭(明治期は孝明天皇祭)など、天皇家の先祖祭であり、いわば神武天皇から現天皇に至るまでの、「万世一系《ばんせいいっけい》」と唱えられた歴代天皇の祭祀である。「万世一系」は国体論の核心をなす概念である。国家神道と国体論の関係については後で述べるが、新たな皇室祭祀は国体論と不可分のシステムとして導入されたことがここにもよく現れている。

その他に、天皇親祭ではなく、天皇にかわって掌典職が神前奉仕する祭典が多数ある。一月一日の四方拝《しほうはい》と歳旦祭《さいたんさい》、二月一七日の祈年祭、一二月中旬の賢所御神楽、天皇の誕生日に行う天長節祭、六月、一二月の月末に行われる大祓と節折《よおり》、毎月三回行われる旬祭などだ。このうち、「節折」というのは、特別な竹と壺を用いる儀礼で、竹で天皇の身体を測り、壺に天皇の罪穢れを吐き出すなどの所作を行うものだ。これらの中には古代に遡るものも新たに設けられたものもあるが、古代に由来するものも、歴史上、長期にわたって中断していたものや、かつてはずっと簡略だったものが多い。

江戸時代末期には国学や水戸学の影響もあって皇室祭祀への関心が高まっていき、宮中でもすでに孝明天皇（在位一八四六—六六年）のイニシアティブのもとで、神武天皇祭など歴代天皇の山陵での神道祭祀や、宮中での皇霊祭祀の充実が図られていたことが明らかにされている（武田秀章『維新期天皇祭祀の研究』）。皇室の側からも神道化を目指す儀礼生活の変容の動きがあり、志士たち変革勢力の祭政一致国家理念と呼応しながら天皇親祭の理念が打ち立てられ、維新政府に引き継がれて新たな皇室祭祀のシステムが形作られていったのだった。

国民の天皇崇敬を鼓吹する皇室祭祀

これらの皇室祭祀が伝統的な祭祀と異なるのは、その量の多さと入念さの度合いだけではない。前にも述べたように、もっと重要な相違は伝統的な皇室祭祀は少数の宮廷関係者や官職者が関わるにとどまり、多くの人々が参与するものでなかったのに対し、明治維新後の祭祀は祝祭日に行われ、大多数の国民の日常生活に関わるものとなったことだ。学校行事やマスコミ報道などを通して、皇室祭祀が多くの国民の生活規律訓練の場や情緒の昂揚を共有する機会を提供し、人々の生活のハレとケのリズムに深く関わるものとなったのだ。

国民生活に大きな関わりをもつ祝祭日は、一八七三年までに紀元節、天長節、新嘗祭など八日が制定されたが、ほとんどが皇室祭祀に関わるものだった。新年宴会のみ皇室祭祀に関わりがないが、それも宮中祝賀行事に合わせたものである。祝祭日では小学校を初めとして、さまざまな場所で、国民が皇室祭祀をともに言祝《ことほ》ぐ行事が広く行われた。「はじめに」に記した紀元節の唱歌は、皇室祭祀に国民が参与する祝祭日行事の一端を示すものである。

国民の一年の暦の意識が、皇室祭祀を基軸として展開することになったわけである。ちなみに、これに先立って一八六八年に一世一元制(天皇一代を一つの元号とすること)が定められている。これらの制度化によって、国民の時間意識が天皇の存在と深く結びつけられていく布石が置かれたと言える。「君が代」が祝祭日に小学校で歌われることが告示されたのは、一八九三年のことである。

近代国家の儀礼システムの日本的展開

例年の祝祭日にもまして、国民がとりわけ強い関心をもって参与した皇室祭祀は、天皇の即位や、天皇・皇族の結婚・葬儀に際して行われるものだった。明治天皇の即位式や大嘗祭は古制を復元しようとしたり、天皇中心の近代国家にふさわしい威容を誇るべく、新たな内容を盛り込もうとしたものだ。これらの行事のうちいくつかは、その前身となるような行事が明治維新以前にも行われていたが、大多数の国民がまったく知らないところで行われていた。しかし、明治維新以後、天皇・皇族の代替わり儀礼や結婚式が大多数の国民の注視のもとで行われる、全国家的行事として重い意義をもつようになってくる。

国民が注視する大規模な祝祭として早いものは、一八八九年の大日本帝国憲法発布の式典である。この時期は欧米の先進国が大規模な国家儀礼を展開し、いわば儀礼競争のような様相を呈することとなった（フジタニ『天皇のページェント』）。憲法発布式典は紀元節の日に行われ、宮中三殿で玉串を捧げ憲法発布の御告文を奉読している。そして、天皇・皇后を馬車に乗せ、皇居前広場から青山練兵場への大行進は華々しい祝祭の雰囲気を醸し出した。大久保利通《としみち》らが発案した天皇の巡幸は、一八七〇年代、八〇年代に盛んに行われ、天皇崇敬を広めるきっかけとして重要な役割を果したが、皇室祭祀や都市空間と結びついた新たな儀礼システムが及ぼす効果は、国民の一体感を醸成する上で、格段に大きな機能を果たした。

近代国家儀礼と「古代的」皇室祭祀

その後、「天皇・皇族の壮観儀礼パレード」は次々と繰り広げられていくようになる。一八九四年の明治天皇の銀婚式、一九〇〇年の大正天皇の結婚式などだ。大正天皇の結婚式は神前結婚式が作られる原型となった。近代的な国民としての日本人も、西洋風の結婚式にあたるものがなくてはならないと考え出されたのだが、それを広めるには皇室祭祀の拡充が役に立った。一九一二年に明治天皇が崩御すると、宮中での神道行事に続いて、青山練兵場に設けられた神道式の葬場殿で近代国家にふさわしい威儀が行われ、棺は霊柩列車で京都に運ばれ、桃山御陵では歴史的な由来をもつ宮廷装束などの趣向をこらした荘厳な行進が行われ、多くの国民が悲しみを分かち合うことになった。

一九一五年の大正天皇の大嘗祭は、京都で行われて伝統との連続性が強調され、新天皇は勅語を下し、「朕《ちん》は爾《なんじ》臣民の忠誠其の分を守り、励精其の業に従ひ、以て皇運を扶翼《ふよく》することを知る、庶幾《こいねがわ》くは、心を同くし、力を戮《あわ》せ、倍々《ますます》国光を顕揚せむことを」と国民との一体性を印象づけた。こうして皇室祭祀は伝統的と見なされた神道儀礼を中心に、国民の連帯感を育て目に鮮やかな印象を残すページェントで装われ、天皇崇敬、皇室崇敬の儀礼システムの核に位置するものとして重みを増していったのだった。

近代国家の統治に資する儀礼体系の形成は、どの国でも重大な課題だった。一九世紀後半、西洋諸国は互いに競い合いながら、新しい「伝統の創造」を追求していった(ホブズボウム他編『創られた伝統』)。日本では皇室祭祀を基軸とし、各地の神社の祭祀をも組み込みつつ、「伝統の創造」が行われていったのだ。

逆説的に聞こえるかもしれないが、近代の西洋で育てられた国家儀礼システムを参考にし、国民の忠誠心や団結心を鼓吹する方策を編み出していくことによって、古代的な理想の再現と理解された祭政一致の体制づくりが促進されたのだ。このように一見、後ろ向きに見える理想とナショナリズムによる新たな国家建設という目標が共振するという事態は、けっして珍しい事柄ではない。現代世界の宗教ナショナリズムや原理主義の興隆とも照応しあう現象と言える。

4　宗教史から見た帝国憲法と教育勅語

このように新たな皇室祭祀が創出され、神社祭祀を一つの支えとして国民生活へと浸透していった。それは「日本型政教分離」と並行して「祭政一致」を近代国民国家の公的秩序として具体化していくことであるとともに、神道儀礼の新しい近代的な形態を創出することでもあり、その後の歴史に甚大な影響を及ぼすことになる。

天皇崇敬と国体論――国家神道の新しさ

皇室祭祀の国民への浸透を支えたのは神社祭祀だけではない。学校や公的行事や印刷物を初めとするメディアが関わってくる。天皇崇敬や国体論という点では、神社組織以外の機関やシステムがより大きな影響を及ぼした。こうして、第二次世界大戦の終了に至るまでの期間、皇室祭祀と天皇崇敬を核とする神道的な儀礼と思想の秩序が、「公」生活の広い領域をおおっていった。この時期の日本のナショナリズムは、神道祭祀を行い、皇祖皇霊の権威に基づいて道徳を教える天皇に対して、国民が畏敬の念と愛着の心情を分け持つことによって強い統合力を発揮した。これが「国家神道」とよばれる宗教性の内実であり、たいへん新しいものだ。

国家神道とは何かを理解するには、神道の歴史の全体を見て、その中に位置づけなくてはならない。この課題には今後もしばしば立ち返るつもりだが、ここではごく大筋だけ述べておこう。

仏教優位の体制から神道が自立していく過程

宮廷を中心とした儀礼体系としての神道は、古代に淵源する。だが、近代になって神社神道として統合されるような地域の神祇祭祀が、神道とよべるようなまとまりをもった形を備えるのは、相当に歴史を下ってからのことである。地域の神祇祭祀を皇室祭祀と結びつけようとする思想が、近世になると次第に育ってくる。とりわけ近世中期以降に広まっていく国学運動の中では、皇室祭祀や天皇崇敬と地域の神祇祭祀をひとまとまりのものとして発展させようとする構想が、多くの支持者を得るようになる。

だが、大多数の国民は、なお仏教と神仏習合の宗教文化の枠内にとどまっていた。黒田俊雄という歴史家は、中世に支配的だった仏教の主勢力を「顕密仏教」とよんだ。顕教と密教からなる仏教ということだ。平安時代鎌倉時代の仏教の中心勢力は興福寺、東大寺、比叡山延暦寺など、南都北嶺（奈良と比叡山）の官僧を中心とした僧侶集団にあった。国家を支え、国家に支えられる仏教であり、その思想と実践は天台教学（華厳教学と並んで東アジアの仏教教学＝顕教の代表的存在）と密教の影響を色濃く受けたもので顕密仏教とよばれている。全国のおおかたの神社や神職にあたる人々もこの顕密体制に組み込まれていた(末木文美士『日本仏教史』)。

仏教の宗派化が進み、他方、儒教や神道の思想的影響が強まってくる近世には、日本宗教文化伝統の主流を形成してきた顕密仏教は次第に後景に引き下がっていく。かわって、神道と儒教が競合しながら、支配体制を支える新たな宗教性が模索されていく(オームス『徳川イデオロギー』)。そして、一九世紀に入って、皇室祭祀や記紀神話に基盤を置く天皇崇敬による国家統合のビジョンが提示され、強い支持を得るようになる。神道祭祀と神道信仰の歴史の中では、皇室祭祀を基軸としつつ、儒教の伝統が求めるような強い教化的指導性をもった国家像が形成されてくる。一九世紀になると、日本の宗教文化の諸側面で、神道が仏教から自立し、支持者を拡大していく動向があった。皇室周辺から武士、庶民に至るまで、広汎な神道の興隆があり、それが国家神道構想の気運を醸成し、新たな祭政一致体制の下支えとなった。

もちろん神道の近世的展開は、このような国家神道的方向性をもったものだけではなかった。後に天理教や金光教のような教派神道に展開していく、救済宗教的な傾向をもった動向も各地で展開していた。流行神や山岳信仰や世直しの方向性をもった、民衆宗教的な神道の動向だ。江戸時代の末期を見ると、民衆の間では民衆宗教的な神道運動(後の教派神道)の興隆が見られたのに対して、武士、とりわけ変革の主体となった下級武士の間で皇室祭祀を核とした神道国家形成のビジョンが急速に支持を集めていった。

そして、明治維新後は後者が新たな国家の中核的理念へと高められ、多くの国民が国家の政治秩序に関与し、進んで国家に貢献していくことを求める制度形態が模索されていく。こうした模索期の試行錯誤を経て、国家神道が制度として確立していくのは、一八九〇年頃のことである。

以下では、こうした国家神道の制度的基体となった「大日本帝国憲法」や「教育勅語」について述べていくことにする。この両者こそ、国家神道の、したがって近代的な祭政一致体制の確立を画すものである。これらはまた、皇室祭祀と天皇崇敬が強力な国家制度となることを決定づけるものでもあった。

大日本帝国憲法と「公」の秩序の神聖性

一八八九（明治二二）年に発布された大日本帝国憲法には、第二八条に「日本臣民ハ安寧秩序ヲ妨ゲズ及臣民タルノ義務ニ背カザル限ニ於テ信教ノ自由ヲ有ス」とあり、国民には「信教ノ自由」があるという建前だった。しかし、同憲法の第一条には「大日本帝国ハ万世一系ノ天皇之ヲ統治ス」とあり、第三条には「天皇ハ神聖ニシテ侵スベカラズ」とあった。「臣民タルノ義務」には「万世一系」の天皇への崇敬が含まれていたのだ。信教の自由、思想・良心の自由は、国体論を前提とする天皇崇敬に背かない限りという限界がすえられていた。その一線を越えると、「公」の神聖な秩序を侵したことになるから、信教の自由、思想・良心の自由はそこには及ばない「私」の事柄として許容されたのだ。

大日本帝国憲法が天皇の宗教的権威を前提としたものであることは、条文の内容以上に、その発布形式に明瞭に示されていた。この憲法は天皇が定めた欽定憲法であり、発布に際しては宮中で天照大神や歴代の天皇(皇祖皇宗)と神々を祀る神殿の前で奉告祭が行われた。全国の神社でも同様に奉告祭が行われた。また、「皇祖皇宗の神霊」に向けて「告文」が、また国民に向けては「勅語」が付されていた。

「告文」では、まず「皇朕《わ》レ天壌無窮ノ宏謨《こうぼ》ニ循《したが》ヒ惟神《かんながら》ノ宝祚《ほうそ》ヲ承継シ」と、天皇自らが神的な権威を受け継ぐ者であることを宣している。ここで「天壌無窮」とは天孫降臨に際して、天照大神が瓊瓊杵尊《ににぎのみこと》に告げた「神勅」の一節を指し、歴代天皇が永遠に国土を治めるべき神聖な任務を負った存在であることの根拠とされるものだ。『日本書紀』に記される「天壌無窮の神勅」は次のようなものである。

　葦原《あしはら》の千五百秋《ちいおあき》の瑞穂《みつほ》の国は、是《これ》、吾が子孫《うみのこ》の王《きみ》たるべき地《くに》なり。爾皇孫《いましすめみま》、就《い》でまして治《しら》せ。行矣《さきくませ》。宝祚《あまのひつぎ》の隆《さか》えまさむこと、当《まさ》に天壌《あめつち》と窮《きわま》り無けむ(岩波文庫版)

「天壌無窮」の読み下し方はいくつかあるが、「天地とともに永遠に」というのが元来の意味である。「宏謨」は「大きなはかりごと」を、「宝祚」は「代々引き継がれていく神聖な天皇の位」を意味する。これは憲法が機能する「公」の領域が、天照大神の子孫である神聖な天皇を中心とした神道的な領域であることを示すものだ。

「告文」の結びは、「皇朕《わ》レ仰《あおぎ》テ皇祖皇宗及皇考ノ神祐《しんゆう》ヲ禱《いの》リ併セテ朕《わ》ガ現在及将来ニ臣民ニ率先シ此ノ憲章ヲ履行シテ愆《あやま》ラザラムコトヲ誓フ。庶幾《こいねがわ》クハ神霊此レヲ鑒《かんが》ミタマヘ」となっている。なお、「皇祖」は天照大神あるいは神武天皇、「皇宗」はそれ以後の歴代の天皇、「皇考」は先代の天皇を指す。神や神的な初代天皇から先代までの代々の天皇の「神霊」に憲法の履行を誓い、また、現天皇と国家を見守り、「神祐」(神の助け)を賜るよう祈る言葉である。憲法本文には神道の信仰を促す言葉はあからさまに書き込まれてはいない。しかしこの「告文」は、憲法は国家神道的な枠組の中で発布されるものであることを明瞭に示している。

教育勅語の語っていること

今見てきた大日本帝国憲法についての「告文」や「憲法発布勅語」にふれた国民は少なかっただろう。だが、翌年出された教育勅語は多くの国民がひんぱんに読み上げ、あるいは暗唱するところとなり、国民生活に絶大な効力を発揮することとなった。教育勅語の本文は、まず以下のように始められる。

> 朕惟《ちんおも》フニ我《わ》ガ皇祖皇宗国ヲ肇《はじ》ムルコト宏遠ニ徳ヲ樹《た》ツルコト深厚ナリ
> 我ガ臣民克《よ》ク忠ニ克ク孝ニ億兆心ヲ一《いつ》ニシテ世世厥《そ》ノ美ヲ済《な》セルハ
> 此レ我ガ国体ノ精華ニシテ教育ノ淵源亦実《またじつ》ニ此ニ存ス

ここまでのところで、天皇と「臣民」のあるべき関係が示されている。天皇は「皇祖皇宗」

を引き継ぎ徳治を続けてきた神聖な存在であり、「臣民」は国家の創始以来、天皇に対して仕えつくす関係にあったこと、また、それが称えるべき規範であり、この勅語が下す聖なる教えでもあることを示している。

続いて教育勅語は、「臣民」が守るべき徳目と、築くべきよき社会関係について述べていく。

爾《なんじ》臣民父母ニ孝ニ兄弟ニ友ニ夫婦相和《あいわ》シ朋友相信《あいしん》ジ恭倹《きょうけん》己レヲ持シ
博愛衆《しゅう》ニ及《およ》ボシ学ヲ修メ業ヲ習ヒ以テ智能ヲ啓発シ徳器ヲ成就シ
進《すすん》デ公益ヲ広メ世務ヲ開キ常ニ国憲ヲ重《おもん》ジ国法ニ遵《したが》ヒ

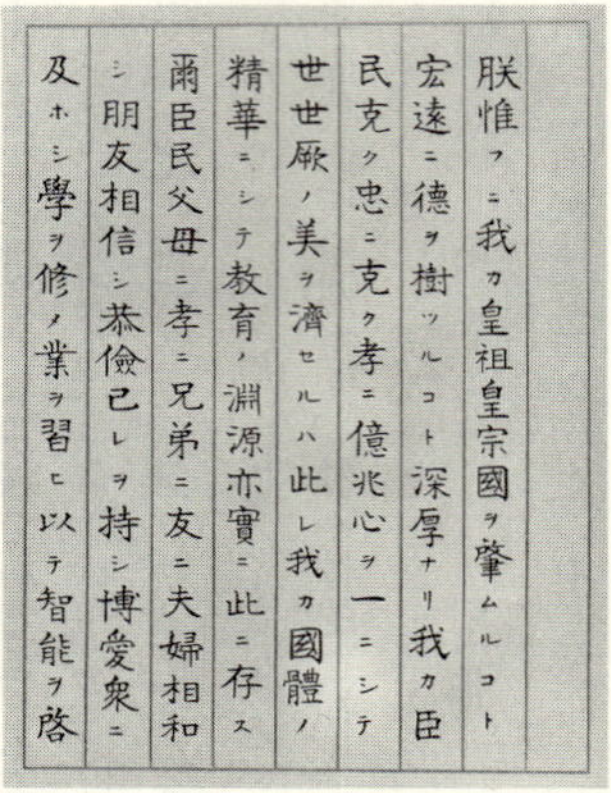
朕惟フニ我カ皇祖皇宗國ヲ肇ムルコト
宏遠ニ徳ヲ樹ツルコト深厚ナリ我カ臣
民克ク忠ニ克ク孝ニ億兆心ヲ一ニシテ
世世厥ノ美ヲ濟セルハ此レ我カ國體ノ
精華ニシテ教育ノ淵源亦實ニ此ニ存ス
爾臣民父母ニ孝ニ兄弟ニ友ニ夫婦相和
シ朋友相信シ恭儉己レヲ持シ博愛衆ニ
及ホシ學ヲ修メ業ヲ習ヒ以テ智能ヲ啓

ここの部分は、普遍的な意義をもつ道徳が述べられており、現代の公民教育においてもある程度、通用する内容かもしれない。人間関係を「親子」「兄弟」「夫婦」「朋友」に分けて説くのは、儒教的な伝統を継承するものだが、そこに露わな宗教性は込められていない。しかし、次の部分は国家神道的な心情を含んだ「公」への奉仕の意味が込められており、教育勅語が宗教的な性格をはらんだものであることをよく示している。

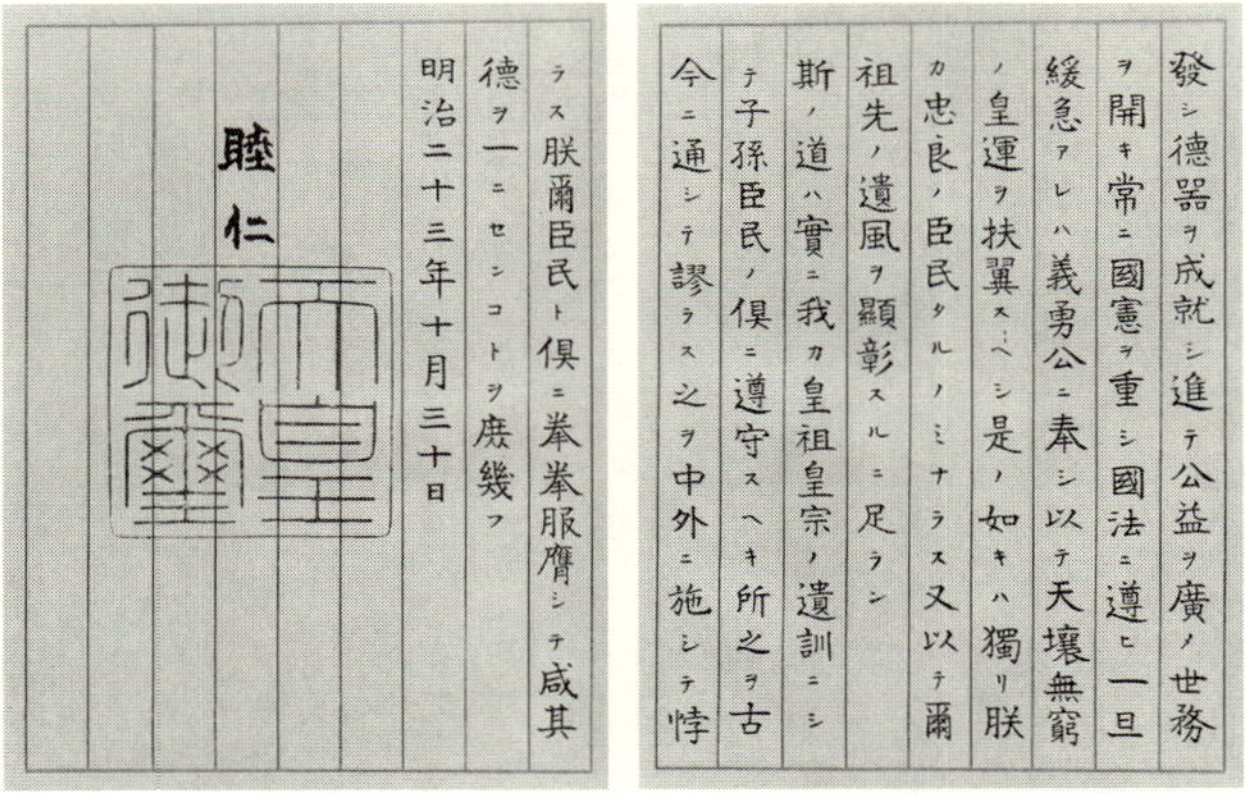
發シ德器ヲ成就シ進テ公益ヲ廣メ世務ヲ開キ常ニ國憲ヲ重シ國法ニ遵ヒ一旦緩急アレハ義勇公ニ奉シ以テ天壤無窮ノ皇運ヲ扶翼スヘシ是ノ如キハ獨リ朕カ忠良ノ臣民タルノミナラス又以テ爾祖先ノ遺風ヲ顯彰スルニ足ラン
斯ノ道ハ實ニ我カ皇祖皇宗ノ遺訓ニシテ子孫臣民ノ倶ニ遵守スヘキ所之ヲ古今ニ通シテ謬ラス之ヲ中外ニ施シテ悖ラス朕爾臣民ト倶ニ拳拳服膺シテ咸其德ヲ一ニセンコトヲ庶幾フ
明治二十三年十月三十日
睦仁
天皇御璽

教育勅語全文（東京大学蔵）

　一旦緩急アレバ義勇公ニ奉ジ以テ天壌無窮ノ
　　皇運ヲ扶翼《ふよく》スベシ

「一旦緩急アレバ」というのは、何かたいへんな危機的事態が起こった時にはということで、戦争などが想定される。そこでこそ義勇をもって「公」につくすべきだ。「天壌無窮ノ皇運ヲ扶翼」とは、天照大神の「神勅」に従って天皇に仕え支えることを意味する。この一節は、戦時などに愛国心をもって国のためにつくすということを超えて、神聖な天皇の統治のためにつくすべきことを説いたものだ。

教育勅語の枠構造

教育勅語の残りの部分は、以上の教えが先祖代々受け継がれてきた天皇と臣民の間の深い紐帯《ちゅうたい》に基づくものであること、そして普遍的な価値をもつものであることを述べている。

是ノ如キハ独リ朕《わ》ガ忠良ノ臣民タルノミナラズ
又以テ爾《なんじ》祖先ノ遺風ヲ顕彰スルニ足ラン
斯ノ道ハ実ニ我ガ皇祖皇宗ノ遺訓ニシテ子孫臣民ノ倶《とも》ニ遵守スベキ所
之ヲ古今ニ通ジテ謬《あやま》ラズ之ヲ中外ニ施シテ悖《もと》ラズ
朕爾《ちんなんじ》臣民ト倶《とも》ニ拳拳服膺《けんけんふくよう》シテ咸其《みなその》徳ヲ一《いつ》ニセンコトヲ庶幾《こいねが》フ

皇祖の時代、つまり国家の神的な起源以来、現代まで変わることなく一体性をもった天皇＝臣民関係が続いてきたという。それこそ日本独自の「国体」の優れた特徴だという国体論的な信念が示唆されている。しかし、他方、それは日本という限定された範囲を超え、普遍性をもつものだ（之ヲ古今ニ通ジテ謬ラズ之ヲ中外ニ施シテ悖ラズ）、とも主張されている。

以上、見てきたように、教育勅語は真ん中に臣民が守るべき徳目を説き、始まりと終わりの部分で天皇と臣民の間の神聖な紐帯、その神的な由来、また臣民の側の神聖な義務について述べている。国家神道的な枠の中に、儒教の徳目に対応するような、ある程度の普遍性をもつ道徳規範が述べられている、という構造になっている。内側に示される道徳的教えの部分は宗教性が薄いが、外側の枠の部分を「国体」論や天照大神信仰、皇祖皇宗への畏敬の念、そして濃厚な天皇崇敬が囲んでいるのだ。

国家神道とは何かを知る上で教育勅語がもつ意義は、いくら強調しても強調しすぎることはない。それは教育勅語が国家神道の内実を集約的に表現するものだったとともに、それが多くの国民に対して説かれ、国民自身によって読み上げられ、記憶され、身についた生き方となったからである。教育勅語は一九四五年以前の日本国民の、「公」領域での思想的身体を、また心の習慣を形作る機能を果たしたと言ってもよいだろう。

5　信教の自由、思想・良心の自由の限界

以上見てきたように、明治維新から教育勅語の発布に至る時期に、「政教分離」と「祭政一致」が両立する制度枠組が確立していった。憲法を初めとする堅固な制度体系に基づき、近代日本の国民は「公」の領域で、国家神道の儀礼と教えに従うことを強いられることになった。天皇崇敬と皇室祭祀を基軸とし、神社がそれを支えるような精神秩序に人々は組み込まれざるをえなかった。そして、それは人々が私的な領域で「信教の自由」を享受することに抵触しないと解されたのだ。

国家神道に反する考え方の排除

天皇崇敬と皇室祭祀を中心に「公」の規範的秩序を形成するという基本方針は、明治維新の最初期に定まっており、その制度化に向けた布石は、早くから置かれていた。しかし、それらが将来どのように機能するかを見通していた人はいなかったし、多くの国民はまだ国家神道の強い影響を受けていなかった。国家神道の制度的形態が定まり、大多数の国民がその影響を深く受けるようになるのは、それから四半世紀を経た一八九〇年代以降のことである。

このように国家神道が国民生活に深く浸透するようになっても、それは「公」の領域の事柄

にとどまるから、「私」の領域では、信教の自由、思想・良心の自由が保障されるという建前だった。国家神道は「祭祀」や「教育」に関わるもの、あるいは社会秩序に関わるものと考えられたのに対して、死後の再生や救いの問題、あるいは超越者への信仰は「宗教」に関わるものので、それぞれ持ち場が異なると考えられた。大日本帝国憲法はこのような考えを前提として、「信教ノ自由」を謳っていた。

しかし、実際には国家神道と信教の自由、思想・良心の自由の間にはせめぎあいがあり、国家神道が信教の自由、思想・良心の自由を脅かす事態が度々生じた。以下、三つの例を取り上げ、「公」の領域での国家神道の枠組が確立することによって、信教の自由や思想・良心の自由にどのような影響が及んだかを見ていくことにしたい。

内村鑑三不敬事件と信教の自由、思想・良心の自由の限界

そうしたせめぎあいの顕著な例は、教育勅語が発布されてさほどの時を経ずに起こっている。衝撃が大きく、影響が長期にわたったのは、内村鑑三《うちむらかんぞう》（一八六一―一九三〇）の不敬事件である。高崎藩士の家に生まれた内村は、札幌農学校に学んでキリスト教徒となったが、大きな野心をもちつつ私事に苦しんだ後、アメリカに渡ってアマースト大学で学び、一八八八（明治二一）年帰国、九〇年には「万国史」を教えるべく、第一高等学校（一高）の嘱託教員となった。内村が一高に赴任して四カ月後の九一年一月九日、一高では授与されたばかりの、天皇の署名（宸署《しんしょ》）がある

教育勅語の奉読式が行われることになった。

奉読が終わった後、教員と生徒が五人ずつ宸署のある教育勅語の前で礼拝することとなった。ところが、内村はとっさに深々と礼をすることができず、軽く頭を下げる程度で退いた。これを他の教員や生徒が見とがめ、激しい非難を浴びることとなった。校長等は穏便におさめるべく努力したが、一高内の教員・生徒らの非難、またマスコミの批判はおさまらず、結局、内村は一月三一日付で依願解職となった。これが内村鑑三不敬事件とよばれるものである。

その後、内村をかばったもう一人のキリスト教徒で二五歳の教員、木村駿吉(一八六六―一九三八)も二月二三日付で「非職」(地位は維持されるが職務を免ぜられることで、実質的に免職に等しい)処分となった。また、事件直後から内村本人に続いてインフルエンザにかかって闘病生活を続けていた内村の妻の嘉寿子が、四月一九日に二三歳で亡くなった。逆説的なことに、その後の内村は在野の人として自由な境遇を得ることで、かえってエリート候補の知識青年への影響力を強めることになった。不敬事件の後、しばらくは給与を得られず苦しい生活を強いられたが、一八九二年九月に大阪の泰西学館に、九三年四月には熊本英学校に就職した。

やがて徳富蘇峰《とくとみそほう》の支持を得たのをきっかけに、言論界で活躍するようになる。他方、不遇時代に書かれた『基督信徒のなぐさめ』や『求安録』は主体性の確立を求める知識青年の心を揺さぶる書物としてよく読まれるようになる。その後、エリート候補の若者を集めた聖書研究会が大発展をとげ、内村のカリスマを核とした「無教会」キリスト教は日本のキリスト教の指導的勢力へと発展していく。内面的な信仰をもつことで、近代的な主体的個人として自立し、ときには国家神道に抵抗するという生き方は、内村鑑三不敬事件を通して具体化していく道を見出したと言ってもよいだろう。

不敬事件の余波

だが、内村のように宗教的な天皇崇敬表明を留保しようとする態度への攻撃は、内村自身が一高を辞めることでは収まらなかった。帝国大学(東京大学の前身)の哲学教授で『勅語衍義』の著者である井上哲次郎(一八五五―一九四四)が、この事件をキリスト教勢力への牽制に用いようとしたのだ。

井上はヨーロッパへの長期留学から帰国してすぐに『勅語衍義』の執筆に携わった。この書物は文部大臣芳川顕正《よしかわあきまさ》の要請によって著述され、天覧に供された(天皇自身が読むべく差し出されること)もので、井上は自分こそ教育勅語の国家的正統的解釈の提示者との誇りをもっていた。一八九二年一一月、井上の「宗教と教育との関係につき井上哲次郎氏の談話」が『教育時論』誌に掲載され、翌月、青山学院のキリスト教徒、本多庸一が反論を掲載すると、この問題をめぐってさまざまなメディアで多くの論議がなされることになった。井上は自らの文章や発言を集めて、『教育ト宗教ノ衝突』という書物にまとめたが(一八九三年四月)、そこではキリスト教が日本の国体に反するポテンシャルをもったものであることなどを指摘し、キリスト教を非難する言葉が連ねられている。

これに対して多数のキリスト教徒が弁論を発表したが、多くの場合、必ずしもキリスト教が天皇崇敬や日本独自の国体に基づく教育という理念を脅かすものではないとして、国家神道を受け入れる立場からキリスト教弁護の論陣を張った。内村自身も教育勅語の説く道徳的生活を実行することこそが重要なのであって、宗教的に礼拝することは勅語の真意に背くのではないかと反論した。しかし、キリスト教のような宗教は潜在的に国体に反する可能性をもつものであり、日本国内の活動や表現には制限が必要だという認識が広がっていった。この論戦を通じて、神聖な天皇への崇敬とそれを体現する教育勅語の聖典的な意義が確立し、教育の場での信教の自由や思想・良心の自由には、重い枠がはめられることになった。

久米邦武事件と批判的歴史認識の限界

内村鑑三不敬事件にすぐ続いて起こったのが、歴史家、久米邦武《くめくにたけ》(一八三九―一九三一)の筆禍事件である。久米は神道を誹謗したとして帝国大学教授の職を失ったのだが、そこで「神道」とよばれるものは教派神道や民間神道ではなく、何よりも国家神道を指すものだった(宮地正人「近代天皇制イデオロギーと歴史学」、鹿野政直・今井修「日本近代思想史のなかの久米事件」)。

久米は佐賀藩出身の漢学者で、岩倉遣欧使節団に随行し、その日録、『特命全権大使米欧回覧実記』は意義深い著作としてよく知られている。一八八八年より帝国大学教授として歴史を教えるとともに臨時編年史編纂掛委員をも務めていた。当時、帝国大学は国家の正式の編年史を編纂する修史を請け負い、久米は薩摩藩出身の重野《しげの》安繹《やすつぐ》とともにその任についており、考証学の伝統を引く代表的実証史学者と見なされていた。その久米が、一八九一年、『史学会雑誌』（一〇―一二月号）に「神道は祭天の古俗」という論文を連載したが、キリスト教徒の立場からの「開化史」（文明史）を標榜する田口卯吉《うきち》（一八五五―一九〇五）がそれに注目し、自らの序言をつけて、『史海』（一八九二年一月号）に転載し、注目を浴びることになった。

この論文で久米は、まず敬神崇仏に基づく国体の美風を称揚した上で、独自の宗教論、神道論を展開している。――神道は仏教や儒教のような教説体系がなく、宗教とよぶにたるような倫理教説をもっていない。神道の中核というべき皇室や伊勢神宮の祭祀は、古代的な「祭天の古俗」、すなわち普遍的に見られた共同体祭祀に由来するものだ。日本では「天御中主」とよばれたが、中国では皇天上帝とよばれ、インドでは「天堂」「真如」とよばれたもので、根源は同じものであり、「東洋祭天の古俗」と言えるという。

伊勢神宮は天照大神を祀るとされるが、これは日本独自のものではなく、「東洋祭天の古俗」の一形態で、本来は皇帝が天を祀って統治に当たるものだった。朝鮮からの渡来者の像が記紀の物語に投影されている可能性もある。三種の神器も日本独自のものではなく、「祭天の神座を飾る物」だったはずだ。神道は「祭天」、つまりは天を祀る共同体の祭祀であり、地祇（土地の神)や人鬼(死者の霊)を祀るものではなく、神社は「古時国県の政事堂」だった。そもそも祭天は人類が原始時代(「襁褓《きょうほう》の裏《うち》」)に神というものを考え出したのに由来するが、神道においてはそこから儒学や陰陽道や仏教のような組織化された教えが発展してこなかった。神道では治めきれないので、儒学や陰陽道や仏教が流入したのであるから、神道だけに頼ろうとするのは賢明ではない。久米の論点はおおよそ以上のようなものだった。

久米への批判と言論抑圧

久米は日本の「国体」がすぐれているとしてはいるが、その国体の神聖性については軽視した。国家神道の特別な神聖さの根幹とされているものを、どこにでもあるものと見なした。また、原始時代の幼稚な文化が保たれてきたものだと示唆して、「襁褓」(=おむつ)の時代と蔑視するような表現をも用いた。久米自身もこの論文を転載した田口卯吉も進歩した時代の豊かな学知を誇る文明人の立場から、文明以前のものとして神道を見下すような挑発的言辞を織り込んでいた。

これに対して、一八九二年二月二八日、国家神道系の道生館という団体の塾生四人が久米宅におしかけ、五時間にわたって質問を続けて久米に応答を迫った。その後、彼らは文部省、内務省に出向いて然るべき措置をとるよう要求するとともに、問答記録を各方面に送付した。三月四日、文部省は久米を非職(事実上の罷免)とし、三月五日、内務省は掲載誌(『史学会雑誌』『史海』)の当該号を発行停止とした。続いて、当時、神社神道の国家機関化を目指していた諸団体が、その機関誌で激しく久米や田口を攻撃する。国光社の『国光』、明治会の『明治会雑誌』、惟神《かんながら》学会の『随在天神』、大八洲《おおやしま》会の『大八洲学会雑誌』、日本国教大道社の『日本国教大道叢誌』などである。

そして、帝国大学の史誌編纂掛は廃止され、一八九五年になって新たに修史を目的としない資料編纂掛が設置されることになる。そもそもこの事件は民間団体の行動が大きなきっかけとなっているが、その迅速な対応からも想像されるように、もともと内務省や文部省などの意向も反映した事件ではないかと評価されている。

この事件によって、記紀の天孫降臨や三種の神器の由来などを事実ではないとする立場から、日本古代史や記紀神話を論ずることが難しくなった。言論界では久米や田口を弁護する発言がなかったわけではないが、有力な声とは言えなかった。こうした環境は歴史教育にも大きな影響を及ぼすことになる。「公」の領域で国家神道の正統教義が定まっていくことにより、学界や言論界でも、そこから逸脱するような言説を表現することが慎まれるようになる。

天理教の発生・展開とその抑圧

三つ目の例として、天理教の公認運動について見ていこう。天理教は大和地方の農家の主婦であった中山みき（一七九八―一八八七）によって創始された。みきは自らに宿った天理王命《てんりおうのみこと》による人類救済の教えを説いた。天理王命はまた親神とも月日とも十柱の神ともよばれる。「月日」とは「くにとこたちのみこと」「をもたりのみこと」であり、「十柱の神」は月日二神の他、「くにさづちのみこと」「月よみのみこと」「くもよみのみこと」「かしこねのみこと」「たいしよく天のみこと」「をふとのべのみこと」「いざなぎのみこと」「いざなみのみこと」からなる。

記紀神話を連想させる神々の名だが、これらの神々を語る神話の主題は、記紀神話と異なり国家の誕生ではなく、人類の誕生と成長である。親神が「陽気ぐらし」をしてともに楽しもうと人類を創造することを思い立ち、泥海の生きものたちから人類を産み出したという神話をもつ。人類は同じ親神から生まれた「きょうだい」だとして、我欲や敵意のような「心のほこりを払い」、「互いにたてあい助け合う」よう説かれた。人間のからだは神からの「借り物」であり、そのことに感謝しつつ清らかな心をもつことで、病から癒され、幸せに暮らしていけるという。一八八〇年代、九〇年代と急速に全国各地で信徒数を拡大した頃の天理教では、人類創造(生成)の神話が記された「こふき」(「泥海古記」ともよばれた)という文書が大きな役割を果たしていた。

発展する天理教は厳しい抑圧に直面する。批判・攻撃したのは、行政側やマスコミ、地域住民、宗教界などだ。医療妨害、強引な布教、搾取、財産放棄などの批判を受けて、布教活動や信仰活動を制限されることもすくなくなかった。とりわけ、一八九六年以降、新聞による批判記事や内務省訓令の影響で、各地の信徒は困難に直面することが多かった。

こうした状況を脱するために、教会本部は教派神道の一派として独立するという形で国家の公認を得ることを模索した。日露戦争では、政府への協力に力を入れ、巨額の国債を買い取ったり、多額の寄付を行うなどした。そのため、各地の教会と信徒はさらに厳しい献金を強いられた。天理教を信仰すると伝道布教に走り回らせられ、全財産を放棄することになってしまうというような世評がゆきわたるようにもなった。

公認運動と妥協による教義変更

その上、教派神道の一派として独立するためには、核心的な教えに変更を加えざるをえなかった。「こふき」の流布を禁じる一方、内務省の意向をうかがいながら『天理教教典』という教義文書を作成した。一九〇三年、ようやく内務省に受け入れられたが、そこでは、第一章「敬神章」の十柱の神の記述に「大日霊尊《おおひるめのみこと》」、すなわち天照大神が加えられた、また、第二章は「尊皇章」、第三章は「愛国章」と題され、元来の天理教の教えとは無縁な天皇崇敬の教えが説かれている。「尊皇章」は以下のとおりである。

神は万有を主宰し、皇上は国土を統治す。国土は神の経営し給ふ所、皇上は即ち神裔《しんえい》にして皇上の此土《この》に君臨し給ふや。実に天神の命に依り、其《その》生成せる蒼生《そうせい》を愛育し給ふにあり。世界の広き古今国を建つるもの無数にして、其帝たり王たるもの亦《また》多しと雖《いえど》も、我が皇室の如く神統を継承し、天佑を保有し国土綏撫《すいぶ》の天職を帯び給へるもの何処《いずこ》にかある。即ち知る我《わが》皇室は君主中の真君主にして、宝祚《ほうそ》の天壌と共に無窮なる所以《ゆえん》を。故に須《すべから》く我皇上は天定の君主なるを確信し、造化生育の恩を神に謝すると同一の至情を以て、誠忠を皇室に尽さざるべからず。

このように、「皇上」、すなわち天皇を尊ぶことが教義の中心的な要素として入れ込まれた。『天理教教典』は元来の天理教の教えと国家神道の教えを折衷したような内容のものとなったのだ。天理教はこのような教義文書の根本的な改編を経た末、ようやく一九〇八年に別派独立を認められることになる。

精神の二重構造を生きる

これらの例は教育勅語が渙発された一八九〇年から二〇年ほどの間に、日本人が強力な「公」の宗教的規範秩序に組み入れられていったことをよく示している。天皇が神的系譜を引き継ぐことを信奉し、皇祖皇宗に連なる今上天皇の署名のある教育勅語にうやうやしく礼拝し、皇室に感謝し奉仕する臣民としての覚悟をもつように促す教え、つまりは国家神道の教えに、少なくとも形の上では従うことが求められた。

それは形の上でのことでよかったのかもしれない。ともあれ、ある範囲の天皇崇敬の言葉遣いや儀礼的行為を受け入れさえすれば、「私」の領域ではキリスト教徒であったり、啓蒙的な学問に従って真理追究に没頭したり、天理教の救済活動にわが身を捧げたりすることができた。これが一八九〇年頃に確立し、第二次世界大戦終了まで続いていく、日本の宗教や精神の二重構造だった。宗教に限っていうなら、「公」の国家神道と「私」の諸宗教が重なりあうという二重構造的な宗教地形(religious landscape)が形成されたのだった。

しかし、平時の国家神道の側からすると、この二重構造という前提の下で諸宗教が存在することは、むしろ必要なことでもあった。国家神道は「公」の国家的秩序について堅固な言説や儀礼体系をもっているが、「私」の領域での倫理や死生観という点については言葉や実践の資源をあまりもちあわせていない。また、「公」の領域でも、西洋由来の思想や制度のシステムの助けを借りなくては、存続しえないものだった。そこで日本文化の特徴を自覚的に考える人たちにとっては、国家神道と諸宗教や近代の思想・制度が支え合うことによってこそ、ある種の多様性を抱え込んだゆるやかな調和が成り立つ、そこに多神教的な日本文化の利点がある、と感じられる。日本の国体が美しいとされる一つの理由である。こうした精神状況は、そのまま第二次世界大戦後に流行する日本人論に引き継がれていく。

ナショナリズムの他の形態との相違

建前の秩序の価値体系を提供する国家神道と、実質的な意義をもつ他の宗教や思想の二重構造は、日本社会全体を見渡しても言えることだが、個人の中にも、組織の中にも存在した。この章の初めに取り上げた暁烏《あけがらす》敏《はや》の場合、大正時代までは自分が国家神道の思想や実践の枠内で生きているとは自覚していなかった。しかし、彼が説法する相手の民衆門徒の側はといえば、親鸞の教えに感銘を受けるとともに、教育勅語の教えも受け入れている場合が少なくなかった。教養文化にたっぷり身を浸し、トルストイや清沢満之の著作を愛する暁烏は、自分が反戦主義者であり、天皇崇敬を掲げて戦意の昂揚を説く国家神道の教えからは遠いところにいると感じられただろう。

だが、一九三〇年頃の暁烏は自らの周囲の多くの人々が、暁烏自身とは異なる精神の二重構造を体していることに気づかざるをえなかった。子供の頃から国家神道の教育を受けてきた人たちの間では、天皇崇敬や国体思想にまったく違和感のない人たちも珍しくはない時期がきていた。そして彼自身、国家神道と浄土真宗信仰の二重構造を受け入れるようになる。以後、国家神道の影響がいっそう強まっていくと、天皇のためにいのちを投げ出してもよいという人が増えてくる。日本国民であるなら、それが当然だという考え方も強まってくる。こうして「公」の秩序理念と「私」的な信条の分裂をまったく感じない人も増えていった。暁烏の言説もますます国家神道優位へと傾いていった。そして、一九四五(昭和二〇)年八月一五日には、そのような信念をもって生きるとはどういうことだったのか、あらためて問い直す時がくる。

このように国民国家への忠誠の下に聖なる「公」の秩序が形成され、個人の信教の自由や思想・良心の自由が制限されるのは、日本だけに限ったことではない。多くの国において、国家への忠誠義務の下に、「私」の領域での思想・信条の自由が制限された地域は少なくなかった。だが、日本の国家神道においては、天皇崇敬や皇室祭祀への参与という形で、ナショナリズムが宗教的な内実をもち、それだけ強力に展開した。そのために「公」と「私」の区分において、国家神道による公的秩序がおおいかぶさる範囲がひじょうに大きなものとなったということである。

もちろんその程度は、時代によって異なる。大正デモクラシーの時代には、「私」の自由の範囲がかなり広がったと思われる。他方、満州事変以後の戦時体制下では、「私」の自由の範囲はどんどん狭められていき、国家神道はファシズム的な動員体制と同調していく。だが、大日本帝国憲法と教育勅語の制定以後、「公」的な国家神道領域の拡充に向けた運動が、行政側からも民間側からも長期にわたって続けられてきたことは確かである。そのようにして基盤が整えられていなければ、戦時中の動員体制も成り立たなかっただろう。その点については、第四章でやや詳しく述べることにする。

第二章

国家神道はどのように捉えられてきたか？

―― 用語法 ――

1　国家神道の構成要素

国家神道の用語法をめぐる混迷

　第一章では、明治時代のある時期から第二次世界大戦が終わる一九四五（昭和二〇）年までの日本では、国家神道と諸宗教や諸思想が領分を異にして並存し、宗教や精神（世界観）の二重構造が存在したと述べてきた。宗教に限定して述べると、「公」の領域で権威を強めていった国家神道と、「私」の領域で自由を享受できると考えられた諸宗教とが二重構造をなす宗教地形が形成された。「祭政一致」と「政教分離」がともに成り立つのは、この二重構造が存在するからだった。

　では、「公」の領域で秩序の原理となった国家神道とは何を指すのだろうか。ここまで近代日本宗教の二重構造について述べながら、あわせて、国家神道の輪郭をなすような制度や思想・信仰・実践について、そのおおよそが見えてくるような叙述を試みてきた。だが、国家神道とは何かを明確に論ずることはまだしていない。そこで、この章では、国家神道とは何かについて明らかにしていくことにしたい。

　ところが、実はそれがなかなか容易ではない。国家神道という言葉の意味について、相当に異なる理解がなされており、議論がかみあわないことが多いのだ。では、なぜそのような混迷が生じたのか。そしてどのように混迷を克服していけばよいのか。まずは私が国家神道をどのように理解しているか、そのあらましから述べよう。

国家神道とは何か？

国家神道という用語は、明治維新以降、国家と強い結びつきをもって発展した神道の一形態を指す。それは皇室祭祀や天皇崇敬のシステムと神社神道とが組み合わさって形作られ、日本の大多数の国民の精神生活に大きな影響を及ぼすようになったものである。皇室祭祀や天皇崇敬のシステムは、伊勢神宮を頂点とする国家的な神々、とりわけ皇室の祖神と歴代の天皇への崇敬に通じている。国家神道においては「皇祖《こうそ》皇宗《こうそう》」への崇敬が重い意義をもっており、神聖な皇室と国民の一体性を説く国体論と結びつく。以上のような国家神道の語義は、一九五〇年代末に提起されて以来、広く受け入れられてきたこの語の通俗的な用法とさほど隔たっていない。

神道は日本の国土と結びついた神々の祭祀や信仰だが、地域社会のさまざまな祭祀や信仰のすべてが直ちに神道というわけではなく、多くの神々がある種の体系性をもって意識されている場合に神道とよばれる。そのような体系性がいつ頃からあるのかについての議論は、今はおく。しかし、「神道」そのものの体系はなかなか表現されることがなかったのは確かだ。「両部神道」「伊勢神道」「垂加神道」「吉田神道」「復古神道」のように特定の神々や思想や組織を伴って体系化されるまでは、体系性が自覚されにくかった。このように輪郭がおぼろになりがちな神道だが、近代になって国家を焦点とする神道が明確な形をとって現れてくることになった。それが国家神道だ。

しかし、後に述べるように、この語には国家管理された神社神道だけを指す他の用法もあり、神道学者や歴史学者の間ではそちらが好まれる傾向がある。しかし、そうした一部の学者の通念が一般の言説を支配するには至っていない。試みに書名や新聞記事を材料に、「国家神道」の用法を調べてみるとよいが、専門的な歴史学者とそれ以外の人々の間で、用法が大きく分かれるはずである。

私の考え方は、狭い学界の用法にとらわれない論者の用法に近く、近代において国家と結びついた神道の様態が、確かにひとまとまりをなしていることを根拠に、これを国家神道とよぶものだ。

思想内容から見た国家神道

では、日本の近代国家において、神道はどのように国家と結びついた形態をなして展開していったのか。国家神道を受け入れ、推進しようとする人たちは次のような立場に立っていた。

——天皇は天照大神《あまてらすおおみかみ》という神的な起源と系譜をもつ存在であり、そのような天皇が統治する国家の祭祀は尊ばれるべきだ。とりわけ皇室祭祀は、日本の国家統合の中核に位置すべきものだ。全国の神々は伊勢神宮および宮中三殿に鎮座する天照大神を頂点にした神々の体系として一体性をもつ。全国の神社に鎮座する神々は、伊勢神宮と皇室の祭祀を核として組織化され、国家の祭祀の体系に組み込まれる。神的起源をもつ天皇と国民の間には通常の国家とは異なる深い神聖な絆があり、古来、この絆に基づき王朝交代のない国家体制が守られてきた。これを「万世一系《ばんせいいっけい》の国体」とよび無比の尊い伝統だ。国民は皇室祭祀に参与し国体思想に基づく道徳を身につけ、天皇への崇敬心を育んでいくべきだ――。

国家神道の正統的な表現を想定するとすれば、このような信念の体系となる。実際にはもっと不定型な思想や実践が積み上げられ、明治維新前後から数十年をかけて次第に神々と天皇をめぐるひとまとまりの信仰世界へと制度化されていった。国家神道は皇室祭祀と伊勢神宮を頂点とする神社および神祇祭祀に高い価値を置き、神的な系譜を引き継ぐ天皇を神聖な存在として尊び、天皇中心の国体の維持、繁栄を願う思想と信仰実践のシステムである。

国家神道は神社神道という考え方

これに対して、国家神道の欠くべからざる構成要素であり、有力な支え手ともなった全国の神社は、国家機関として組織されていったので、それだけを「国家神道」とよぶ用語法もある。神道の宗教施設や宗教組織を指すものだが、私の用語法による国家神道と比べるとその意味するものがたいへん狭い。この考え方では、皇室祭祀や国体論の側面は除外されてしまう。これは国家管理下にあった神社やその集合体を指すものなので、誤解を避けるためには神社神道、神社界などとよぶか、「国家神道」とよぶときは括弧つきにした方がよいと思う。

日本各地にはさまざまな神社があり、さまざまな信仰を培ってきた。たくさんの崇敬者、信奉者を集めてきた神々の中には、明治維新以前は神仏習合の信仰体系の中で人々の帰依を集めてきたものが多い。一八六八（慶応四）年の神仏分離令以来、近代の神社は国家神道の強い影響を受けて、大きく変容してきた。だが、神社をめぐる信仰世界には、国家神道と関わりがない要素もふんだんに含まれている。

たとえば、代表的な神社の祭である祇園祭は、京都の八坂神社（明治維新以前は祇園社とか祇園感神院《かんじんいん》とよばれた）の祭礼を核とするものだが、牛頭天王《ごずてんのう》を主神とする伝統的な祇園祭に国家神道は反映していない。伏見稲荷大社や各地の稲荷神社も庶民の神社信仰としてもっともポピュラーなものだが、そこでの祈願に国家神道が関わることは多くない。稲荷信仰で多くの参拝者を集める施設の中には、豊川稲荷や最上稲荷のように今も仏教宗派（それぞれ曹洞宗と日蓮宗）に所属するものもある。

「神社神道」とよべるような統一的宗教組織は、明治維新以前には存在しなかった。皇室祭祀と連携して組織化されることにより、初めて神社神道とよびうる組織が形成された。神社神道は明治維新後、国家機関（国家祭祀の機関）として制度的に位置づけられ、皇室祭祀を核に構成されていき、次第に国家神道の重要な担い手となっていった。明治後期になるとそのような信念体系の下に育成された神職が増大していき、神社界の横の連携も強まっていく。だが、それでも各神社にまつわる信仰や実践の内実が国家神道にすっかり統一されたわけではない。神社神道がすべて皇室祭祀を頂点とする国家神道にがっちりと組み込まれたわけではなかった。

人気のある神社でも、ご利益や平穏無事を祈る民衆の願いに即した信仰活動が主体であって、天皇崇敬や国体論に関わる側面は小さな部分を占めるにすぎないものが少なくない。また、地域社会の共同体的な神祇信仰でも、皇室祭祀に関わるような側面はほとんど含まれていないものが多かった。神社神道がすべて国家神道の堅固な構成要素だとは言えないのだ。

国体論と日本国家の神聖性

神社祭祀が国家神道の要素を増していくとともに、伊勢神宮の祭祀と皇室祭祀が尊ぶべきものである根拠についての信仰も、国民の間に広く分け持たれていくようになった。天照大神が日本国家の統治を孫（「天孫《てんそん》」）の瓊瓊《にに》杵尊《ぎのみこと》に委ね、さらにその曾孫《ひまご》の神武天皇以下の歴代天皇がその神聖な使命を実行していくことになった、そして現在の天皇にまで引き継がれてきた、とされるのだ。神的な系譜に基づく統治が神代から現代まで引き続いてきた日本は、他の国々にはない特別すぐれた神聖な国家のあり方をもっていると主張される。これが「国体」とよばれる観念だ。

国体の語は中国の古典に由来し、「国家の形体」を意味したり、「対外的な国家の体面」を意味するものだった。日本の近世においても初期にはそのような意味で用いられたが、一八世紀後半以来、日本に固有の伝統に基づく国家組織の独自性の意味で用いられるようになった。やがて、それまで日本の国家伝統の独自性について説かれてきたことの多くが国体の語に集約して論じられるようになり、国体論・国体思想とよばれるような複合体を形成し、そこにさまざまな意味が込められるようになる(尾藤正英「国体論」)。

国体思想の中核的な内容は、「日本の自国認識に関する思想で、とりわけ万世一系の天皇統治を根拠にして、日本の伝統的特殊性と優越性を唱える思想」(辻本雅史「国体思想」)である。だが、それぞれの時期に、異なる立場の人々がこの語にさまざまな内容を込めて用いた。それが人々の政治的行動や日常的実践と結びつく仕方も多様で、また大きく変化した。中に神道の信仰が強く込められたものもあり、神道色があまり含まれていないものもある。

「国体」という観念にはさまざまなヴァリエーションがあり、その担い手も多様で、神社神道組織のみがその宣布の担い手だったわけではない。仏教徒やキリスト教徒や教派神道諸派、学校や軍隊のような組織も国体論の担い手になりえたし、特定宗教に深い関わりがない人たちの中にも、それぞれなりの国体論を展開する者があった。天照大神からの神的系譜という要素はあまり重んじることなく、同じ一つの王朝が変わることなく続いてきたという歴史の特徴の方に重きを置くものもある。その場合、神道的な信仰要素が薄くなることは明らかだ。儒学系の国体論にこの性格が強いし、仏教やキリスト教の信徒が国体論を説く場合も、そちらに傾きがちだ。

国体論と国家神道の関係

　このように、国体論を支持する人々の中には、さまざまな思想的立場、宗教的立場の人が含まれていた。したがって、国体論と国家神道はそのまま重なり合うものではない。

　国家神道と国体論の関係を簡略に示すと図のようになる。国家神道も国体論もそれぞれ強大な影響力をもっていた。そして、国家神道において国体論はたいへん重要な構成要素である。国家神道においては、国体論のような教説や教説の基礎となる神話の要素の他に、祭祀や儀礼の要素が大きい。教育勅語には皇統の連続性を尊ぶ内容や、天皇が臣民にカリスマ的な権威を及ぼすような語り口が組み込まれてはいたが、そこで天皇の神的起源が文面にはっきり示されているわけではない。また皇室祭祀と結びついた祝祭日の体系では、天照大神や神武天皇への崇敬、あるいは神的起源に基づく現天皇への崇敬を促すものが多いが、そこでも国体論がいつも明確に意識されているわけではない。

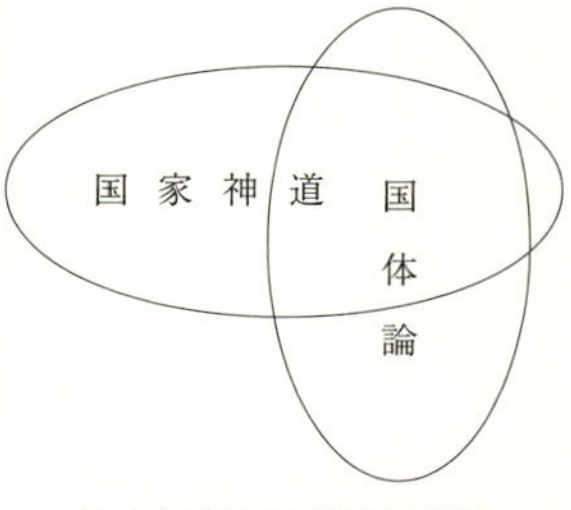

国家神道と国体論の関係

　教育勅語が国家神道の「教典」であり、そこに国家神道の教義が述べられているというのは誤解を招く言い方だろう。教育勅語の中ほどに説かれている教えの道徳的側面は、国家神道に特有のものではない。むしろ儒教など東アジア的な伝統に基づきつつ、ある種の普遍性をもつ人倫の教えである。その限りでは、「古今ニ通ジテ謬《あやま》ラズ之ヲ中外ニ施シテ悖《もと》ラズ」と勅語にあるのは奇異なことではない。しかし、教育勅語が強大な影響力を発揮したのは、教えの主体である天皇と受け手である臣民の間に聖なる絆を結ぼうとする文書だからである。そこでは、天皇と臣民は「皇祖皇宗」以来の深い紐帯《ちゅうたい》に基づき、人としての本来的な道を説き説かれるという、密度の濃い教導関係にあるとされていた。ここに天皇崇敬や国体論に連なる言説が盛り込まれている。天皇と臣民の間の濃密な紐帯を喚起することが、国家神道の情緒的基礎を形作るのだ。

2　戦時中をモデルとする国家神道論

天皇崇敬と現人神信仰

国家神道が以上のようなものだとすると、そこでは皇室祭祀とその主体である天皇への崇敬心がきわめて大きな要素をなしている。また、国体論がしばしば前提とするような、天皇と国民の間の敬愛に基づく緊密な紐帯の意識も重要な位置を占めている。それは天皇を、教え導く尊い存在として崇敬するものであるが、ではそれは「現《あら》人神《ひとがみ》」信仰というような言葉で表現できるものだろうか。

これまでのところ、もっともまとまりのある国家神道論をまとめた村上重良(一九二八―一九九一)は、そのように考えている。たとえば、村上は「大日本帝国憲法の制定によって、天皇の属性は、歴史的な伝統をなしてきた人間である祭司王から、一神教的な現人神に変った」(『天皇の祭祀』ⅱページ)と述べている。また、村上は国家神道の教義は国体の教義であり、それは「帝国憲法と教育勅語によって思想的に確立した」という(『国家神道』一四〇ページ)。そして、国体の教義の代表的な例として、一九四四(昭和一九)年に神祇院(内務省神社局が一九四〇年に昇格したもの)によって編集・刊行された『神社本義』の一節を引用している。

それによれば、日本の「歴代の天皇は常に皇祖と御一体であらせられ、現御神《あきつみかみ》として神ながら御代《みよ》しろしめし」てきた。戦時中のこの文書では、天皇は「現御神」「神ながら」の特性をもつ神的な存在として仰ぎ見られている。そして、「国民はこの仁慈の皇恩に浴して、億兆一心、聖旨を奉体し祖志を継ぎ、代々天皇にまつろひ奉つて、忠孝の美徳を発揮」してきたという。こうして「君民一致の比類なき一大家族国家を形成し、無窮に絶ゆることなき国家の生命が、生々発展し続けて」いるのだ――『神社本義』はこう述べている。

確かに国家神道は、人々をこのような信仰の境地まで進ませた。第二次世界大戦の末期などはそうした信仰が昂揚し、多くの人たちがそれに巻き込まれていった。天皇陛下のためにいのちを投げだすことをも覚悟する人々が少なくなかったのだ。しかし、一九三〇年頃までのことを考えると、このような境地に達していた人はさほど多くはなかった。

明治後期・大正期の天皇崇敬

教育勅語の社会的影響の歴史的変化について論じた副田《そえだ》義也は、天皇が現人神だという信仰は、一九三〇年代以降に顕著になったものであり、教育勅語の段階では、それほどの強い信仰はなかったと述べている。

「国体の本義」(文部省、一九三七年――島薗注)では天皇は現人神であるという。「教育勅語」(一八九〇年――島薗注)では天皇は神ではない。少なくとも「大日本帝国憲法」に示される立憲君主制において、天皇は、当初は、政府と議会に権限を制約されることがある君主で

あって、神ではなかった。（副田『教育勅語の社会史』二七六ページ）

政治史上の天皇の地位を検討した鈴木正幸も、天皇の神格化が行われるのは、一九三〇年代以降であるという（『皇室制度』）。確かに、村上重良の国家神道論は、天皇の神格化が進んだ戦時中の国家神道をモデルとし、しばしばそれをもっと早い時期にまであてはめてしまっている。多数の庶民にとって熱烈な信仰となった段階の国家神道像に引きずられた理解である。実際は、天皇が超越的な存在となり、多くの人々が我が身を投げ出しても惜しくないと思うような信仰の対象になったのは、一九三〇年代以降の戦時中に限られる。

しかし、では教育勅語の段階で、天皇崇敬が宗教的な性格を帯びていなかったかというと、そうとも言えない。政治制度上は神的存在とはいえない立憲君主であったとしても、神的な存在として崇敬されないわけではなかった。天皇への宗教的崇敬のあり方は、「現人神」信仰だけではなく、他の形態の信仰は早くから受け入れられていたからである。

修身教科書の中の天皇崇敬

国家神道について多くの論考を公表してきている新田均は、小学校の修身と日本史の教科書の中で、天皇の地位がどのように変化してきたかを調べている（『「現人神」「国家神道」という幻想』）。それによると、一九〇四年から一一（大正一〇）年までの第一段階では、「天皇は天照大神の子孫であるという天皇「神孫」論と、天皇の徳と臣民の忠義とによってこの国の歴史は続いてきたのだという君臣「徳義」論」によって天皇崇敬が根拠づけられていた。

一九二一年から三九年に至る時期の第二段階では、それに「皇室はいわば本家で臣民は分家のようなものである、天皇は親で臣民は子のようなものであるといった「家族国家」論がつけ加わってくる」。さらに一九三九年以後の第三段階になると、天皇「現人神」論と「八紘一宇」論が付けくわえられたという。

新田の論考を参照しつつ、第二段階の前半の時期、つまりは大正後期から昭和最初期に用いられた文部省『尋常小学修身書 巻五』の一九二七年版を調べてみよう。五年生用である。冒頭に教育勅語が掲げられており、「第一課 我が国」は次のように始まっている（番号は島薗が付したもの）。
（1）昔天照大神は御孫瓊瓊杵尊《ににぎのみこと》をお降しになつて、此の国を治めさせられました。尊の御曾孫《そうそん》が神武天皇であらせられます。（2）天皇以来御子孫がひきつゞいて皇位におつきになりました。神武天皇の御即位の年から今日まで二千五百八十余年になります。（3）此の間、我が国は皇室を中心として、全国が一つの大きな家族のやうになつて栄えて来ました。（4）御代々の天皇は我等臣民を子のやうにおいつくしみになり、我等臣民は祖先以来、天皇を親のやうにしたひ奉つて、忠君愛国の道に尽しました。（5）世界に国は多うございますが、我が大日本帝国のやうに、万世一系《ばんせいいっけい》の天皇をいたゞき、皇室と国民が一体になつて

伊勢神宮に参詣する天皇(『尋常小学修身書 巻六』)

ゐる国は外にはございません。

(1)が天皇「神孫」論、(3)が「家族国家」論、(4)が君臣「徳義」論、そして、(2)と(5)は「万世一系」の国体論である。

六年生用の『尋常小学修身書 巻六』の第一課は「皇大神宮」と題され、次のように始まっている。

皇祖天照大神をおまつり申してある皇大神宮は、伊勢の宇治山田市にあります。神域《しんいき》は神路山《かみじ》のふもと、五十鈴《いすず》川の流にそひ、いかにも神々《こうごう》しい処で、一たび此処にはいると、誰でもおのづと心の底まで清らかになります。

皇室は一方ならず皇大神宮を尊ばせられます。天皇陛下は皇族を祭主に御任命になつて御祭事をすべつかさどらせられ、祈年祭《きねんさい》・神嘗祭《かんなめさい》・新嘗祭《にいなめさい》には、勅使をおさし立てになつて幣帛《へいはく》をさゝげさせられます。勅使をおさし立てになる時には、天皇陛下は親しく幣物を御覧になつて、御祭文をお授けになり、勅使が退出するまでは入御になりません。なほ神嘗祭の当日には、宮中でおごそかに御遥拝《ごようはい》の式を行はせられます。

そして、この第一課は、「皇室はかやうに厚く皇大神宮を御尊崇《そんそう》になります。国民も昔から厚く皇大神宮を敬ひ、一生に一度は必ず参拝しなければならないことにしてゐます」と結ばれる。四年生用の『尋常小学修身書　巻四』では、「我等はつねに天皇陛下の御恩をかうむること の深いことを思ひ、（中略）祝祭日のいはれをわきまへなければなりません」（第二十七　よい日本人）と記され、六年生になると祝祭日の内容にかなり立ち入って説かれている。なお、「皇室」の語が出てくるところは改行して行の最上部にもってこなくてはならないことになっているが、これも天皇・皇室崇敬教育の一環である。

国家神道は現人神の観念を前提としない

以上、新田のいう第二段階の前半、つまり「大正期」とまとめられる時期の修身書を見てきたが、そこでは第三段階の修身書のように天皇を「神と仰ぎ奉る」とか「現御神と仰ぎたてまつる」といった表現はなされていない。しかし、天皇崇敬を鼓吹し、それを天皇「神孫」論や皇室祭祀や伊勢神宮崇敬と結合しているのは明らかである。疑いもなく神道の国家主義的な形態が大きな役割を果たしている。そのような神道のあり方を国家神道とよぶのは妥当である。

村上重良の国家神道論を批判する新田均は、『「現人神」「国家神道」という幻想』という書物の「第一部「現人神」という幻想」を踏まえ、「第二部「国家神道」という幻想」を次のように書き始めている。

第一部で確認したように、「現人神」「八紘一宇」というイデオロギーが明治以来一貫して存在していたわけではない。ならば、そのイデオロギー注入装置としての「国家神道」も一貫して存在したはずがない。〃いやいや、「尊皇」というイデオロギーは一貫して存在していたではないか〃と反論する人もいるかもしれないが、これまたすでに述べたように、「尊皇」＝「現人神」「八紘一宇」だったわけではなく、「尊皇」には多様なバリエーションがあった。（新田『「現人神」「国家神道」という幻想』一二三ページ）

村上重良の『国家神道』や『天皇の祭祀』は今も参照に値する有益な書物だが、確かに国家神道を描き出す際に、戦時中の国家神道の像にひきずられているところがある。だが、「現人神」「八紘一宇」の概念がまだ登場していない段階の「尊皇」のあり方が、神道に多くを負ったものでないかというとそうは言えない。すでに帝国憲法制定・教育勅語渙発の段階で、「尊皇」は天皇「神孫」論や皇室祭祀や伊勢神宮崇敬と結合していた。それを否定して、神道と関わりがない「尊皇」であると論ずるのは神道の範囲をあまりに狭く限定した用語法である。

神社神道を国家神道の基体とする見方

村上重良の国家神道論には、もう一つ大きな欠点がある。それは、国家神道をまずは神社・神職の組織として捉えることだ。「神社神道」という語は、明治中期に神道のうちの「教派」と「神社」が分けられ、前者の「教派神道」に対して、後者をまとめてよぶために用いられるようになったもので、個別の神社と神職を単位的な実在とし、その集合体を指す用語法で近代法制度にはなじみやすい。しかし、近代以前にはそのような組織体は実在しなかった。「神社神道」は国家神道の形成の過程で、次第に実質をもつようになったものである。それは神道の一つの形態であって、近代の国家や法の制度に強く規定されて形作られたものだ。

ところが、村上重良は古代以来存在してきた「神社神道」こそが、国家神道の基盤となった実体であると見なしている。それによると、神道は古来存在してきた「民族宗教」であるが、その具体的現れは「神社神道」である。その「神社神道」が基体となって国家神道が形成されたのだという。「民族神道」というと、古代から日本民族というものがあって、そこでは神社神道が広く行われていたという意味合いがあり、村上はそう見なしている。村上はさらに『国家神道』の「結び」で、「国家神道とは何か」という見出しを掲げ、次のように述べている。

国家神道は、日本の民族宗教の特徴を、一九世紀後半以来の約八〇年間にわたって、復活し再現した宗教的政治的制度であった。民族宗教は、集団の祭祀であり、そこでは宗教集団と社会集団が一体であったから、宗教集団への参加は、自然形成的であるとともに強制的であった。／国家神道は、集団の祭祀としての伝統をうけついできた神社神道を、皇室

神道と結びつけ、皇室神道によって再編成し統一することによって成立した。（村上『国家神道』一二三ページ）

このように神社神道を国家神道の基体と考える考え方は、村上だけではなく、かなりの数の神道学者、歴史学者、法学者などに共有されている。国家神道論が混迷している大きな理由の一つは、近代法制度上の存在にすぎない「神社神道」を基体として国家神道を捉えようとする見方にはまり込んでしまったことにある。

3　神道指令が国家神道と捉えたもの

GHQが目指した国家神道の解体とは？

国家神道の基体は「神社神道」だという見方は、第二次世界大戦後、GHQ(連合国軍最高司令官総司令部)が目指した「国家神道の解体(廃止)」の過程で、明瞭に示されたものでもある。一九四五(昭和二〇)年一二月に出されたいわゆる「神道指令」(正式名称は後述する)は、国家神道＝神社神道という考え方を広める上できわめて大きな役割を果たした文書だ。戦後の日本人は、「神道指令」によって「国家神道が解体(廃止)」された社会に生きているという自己理解をもっていた。その自己理解は、意図的にしろ無意識的にしろ、GHQが示した国家神道観をうのみにしたところから来ている。

もちろんこの文書が重要なのは、用語法上の意義のみによるのではない。日本の国家と宗教の関係のあり方を、第二次世界大戦終了前のそれから戦後のそれへと転換させる上で、決定的な役割を果たした文書だからである。戦後から現代に至る日本の宗教制度は、この文書と一九四六年に公布された日本国憲法によってその基礎をすえられたと言ってよいだろう。

「神道指令」の目的は何であり、そこで「国家神道」はどのように位置づけられているのか。「神道指令」というのは慣例的な略称であり、正式の呼称は「国家神道、神社神道ニ対スル政府ノ保証、支援、保全、監督並ニ弘布ノ廃止ニ関スル件」というものだ。英語は、“Abolition of Governmental Sponsorship, Support, Perpetuation, Control, and Dissemination of State Shinto (Kokka Shinto, Jinja Shinto)”となっている。そもそも題からして、「国家神道」と「神社神道」を同義と見なす前提に立っていることが分かる。

この文書の冒頭部分では、次のようにその目的が明らかにされている。私が注意を促したい部分に傍点を付してある。

国家指定ノ宗教乃至祭式ニ対スル信仰或ハ信仰告白ノ(直接的或ハ間接的)強制ヨリ日本国民ヲ解放スル為ニ

戦争犯罪、敗北、苦悩、困窮及ビ現在ノ悲惨ナル状態ヲ招来セル「イデオロギー」ニ対スル強制的財政援助ヨリ生ズル日本国民ノ経済的負担ヲ取リ除ク為ニ

神道ノ教理並ニ信仰ヲ歪曲シテ日本国民ヲ欺キ侵略戦争へ誘導スルタメニ意図サレタ軍国主義的並ニ過激ナル国家主義的宣伝ニ利用スルガ如キコトノ再ビ起ルコトヲ防止スル為ニ

再教育ニ依ツテ国民生活ヲ更新シ永久ノ平和及民主主義ノ理想ニ基礎ヲ置ク新日本建設ヲ実現セシムル計画ニ対シテ日本国民ヲ援助スル為ニ

茲《ここ》ニ左ノ指令ヲ発ス

この文章の意図するところは、必ずしも日本人にとって分かりやすいものではない。それはきわめてアメリカ的な宗教観が色濃く反映しており、国家神道をアメリカ的な宗教の鋳型にあてはめて理解しようとしているためである。

アメリカ的な宗教観に基づく神道指令

四つの「為に(in order to)」が列挙されているが、最初の「為に」は、信教の自由ということだ。「信仰」や「信仰告白」というのは、宗教とは個人が特定の超越者と「信仰」や「信仰告白」の関係を取り結ぶことだという理解にのっとって、それが個々人の自由によって行われること、つまりは個人の内面の自由としての信教の自由を保障することが第一に意図されている。プロテスタントの前提によれば、宗教＝宗教集団は信仰に基づき信仰告白を行った個人が連合するところに成立する。神社神道をそのような集団に生まれ変わらせることによって、日本国民は神道の強制から解放されると理解されている。

第二と第三の「為に」は「イデオロギー」に関わっている。ここでは日本国民を誤った道に進ませたものは、「宗教」ではなくて「イデオロギー」だという、これもきわめてアメリカ的(二〇世紀のアメリカ合衆国に特徴的)な考え方が示されている。「宗教」は元来、人間を自由にさせるはずのものだという前提がかいま見える。神道もそのような宗教へと発展すべきもののはずだが、これまでの神道の教理はイデオロギーによって歪曲されてしまった。そのよくないイデオロギーを表す句は、「軍国主義的並びに過激なる国家主義的(militaristic and ultranationalistic)」というものだ。「宗教」である神社「神道の教理並びに信仰(Shinto theory and beliefs)」がこのような「イデオロギー」によって歪曲された(perversion)という前提に立っている。

また、そのように歪んだ神道が国家機関となることによって、国民に「強制的財政援助」を押しつけ、経済的負担を課したという。これを除去することが、国家神道解体(廃止)のもっとも重要な眼目ということになる。この考え方を反映して、上記、四つの「為に」に続いて、「神道指令」が発する「左の指令」の最初の二項目は次のとおりである。

(イ)日本政府、都道府県庁、市町村或ハ官公吏、属官、雇員等ニシテ公的資格ニ於テ神道ノ保証、支援、保全、監督並ニ弘布ヲナスコトヲ禁止スル。而《しか》シテカカル行為ノ即刻ノ停止ヲ命ズル。

(ロ)神道及神社ニ対スル公ノ財源ヨリノアラユル財政的援助並ニアラユル公的要素ノ導入ハ之ヲ禁止スル。而シテカカル行為ノ即刻ノ停止ヲ命ズル。

「強制的財政援助」を押しつけ、経済的負担を課したことがなぜそれほど重要なのか。また、公務員の「神道」への関与、「神道」「神社」への財政支出の禁止がなぜそれほどまでに重要なのか。これは欧米諸社会、とりわけアメリカ合衆国の近代的な政教関係が「国家と教会の分離」という原則にのっとったものと理解されてきたからで、「神道指令」の後半を見るとその理由がいっそうはっきりしてくる。

「神道指令」は一から四までの四項に分かれており、三、四は手続き上の短い条文であまり重要ではない。主な部分は一と二からなり、一が本文で二がその解説にあたる。ここまで引用してきたのは、一の冒頭部分である。今度は二に目を移したい。その冒頭には次のように、あらためてこの文書の「目的」が述べられている。

神道指令の「国家神道」概念

（イ）本指令ノ目的ハ宗教ヲ国家ヨリ分離スルニアル。マタ宗教ヲ政治的目的ニ誤用スルコトヲ防止シ、正確ニ同ジ機会ト保護ヲ与ヘラレル権利ヲ有スルアラユル宗教、信仰、信条ヲ、正確ニ同ジ法的根拠ノ上ニ立タシメルニアル。

「国家神道の解体（廃止）」の核心は、「宗教を国家より分離する（separate religion from the state）」というところにあるというが、ここでの「宗教」は「信仰する個人の集合体である宗教集団」という意味を宿している。この一節だけで、プロテスタント的、さらにはアメリカ的な宗教観と民主主義観が濃厚にうかがわれる。ヨーロッパ諸国の国教体制の下で抑圧された少数派宗教集団が、本来の宗教精神を実現できる自由の天地を求めて新大陸に渡った。そして、政教分離(国家と教会の分離)を自由と民主主義の根本条件と見なすに至った。そのような国民的自覚をもつアメリカ合衆国の歴史を背負った宗教制度観である。

以上が(イ)の文だが、これに続く(ハ)では、このような宗教制度観に合致する形で、国家神道の定義がなされている。

> 本指令ノ中ニテ意味スル国家神道ナル用語ハ、日本政府ノ法令ニ依テ宗派神道或ハ教派神道ト区別セラレタル神道ノ一派即チ国家神道乃至神社神道トシテ一般ニ知ラレタル非宗教的ナル国家的祭祀トシテ類別セラレタル神道ノ一派(国家神道或ハ神社神道)ヲ指スモノデアル。

ここで定義された「国家神道」とは、国家機関となった神社神道ということである。これはひじょうに狭い国家神道の定義だ。何よりも奇異なのは、神社神道と密接に結びつけられていた皇室祭祀についてまったく言及がなされていないことだ。「神道指令」は「国家神道を解体(廃止)」すると宣言しながら、皇室祭祀については断固として口をつぐんでいる。なぜ、GHQがそのような方針を選んだかについては、第五章でふれる。

制度上の用語としての国家神道

ここでは、このような狭い「国家神道」の用語法を、「日本政府の法令」と結びつけて正当化していることに注意したい。では、法制度上での「国家神道」はいつ頃、どのような経緯を経て規定されたのだろうか。

一八七七(明治一〇)年以来、神祇・宗教行政は内務省の社寺局が所轄していた。ところが、神職の教導職兼補を廃した一八八二年の段階で、「公」の「祭祀」を司る神社と国民それぞれが形作る「私」の「宗教」集団とは、別のカテゴリーに属するものであるという制度枠組が形作られていた。しかし、それに対応した、行政組織は形作られていなかった。

ようやく一九〇〇年になって、内務省に神社を所轄する神社局が新設され、他の宗教集団は宗教局に所轄されることになる。それまで、神道の組織は「宗教」ではないとされる神社と、「宗教」に属するとされる教派神道(宗派神道)に二分されていたが、行政組織においてもそれが反映されることとなった。神社を「国家神道」、教派神道諸教団を「宗教神道」とする呼び方はそれ以後に定着していった。神道学者の阪本是丸は一九〇八年の帝国議会の委員会の記録に「国家神道」「宗教神道」の語が残されていることを示している(『国家神道形成過程の研究』三〇五―三〇六ページ)。

この狭い意味での「国家神道」、あるいは「神社神道」は、何らかの法に規定された用語ではない。主に内務省神社局に所轄される神社や神職集団を指す制度用語として、次第に通用するようになっていったものだ。つまり、神社施設や聖職者・専門家(宗教家、この場合は神職)を指し示す用語である。このように物的人的実体をもって組織化された集団が「宗教」や「〇〇教」(キリスト教、仏教、天理教など)とよばれるという用語法は、近代になって広まったものだ。

西洋の「宗教(religion)」概念の歴史の批判的研究で知られるウィルフレッド・キャントウェル・スミスは、近代になって広まった西洋の religion の概念がもつ一つの特徴として、それが宗教集団・宗教組織を表す語になったことをあげており、それは歴史的に見ても特殊なものだと捉えている(『宗教の意味と目的』*The Meaning and End of Religion*)。

キリスト教は教会という「宗教」独自の組織をもっているが、西洋諸国では近代において国家と教会の関係が争点となり、国家における「宗教」組織の位置づけをめぐる法制度が発達した。そこで、宗教集団を指して「宗教」とか「〇〇教」とよぶ用語法が流布しやすかった。しかし、ユダヤ教、イスラーム教、ヒンドゥー教においてそうであるように、神道にあてはめた場合もこのような用語法と現実とのギャップははなはだしいものになる(主にイスラーム教を強く意識した批判的検討に、アサド『宗教の系譜』『世俗の形成』がある)。

「神社神道」即「国家神道」説の欠点

神道の信仰や実践は、教会や教派のような、自発的信仰者からなる(と理解された)宗教組織が形作るものとは著しく異なる。この用語法は宗教施設や聖職者(宗教家)というのでは表せない、神道の他の側面を忘却させる機能を含んでしまう。たとえば、皇室祭祀が神道の重要な伝統の一角をなすという側面である。加えて、「神道指令」でなされているように、「国家神道」「神社神道」と「宗教神道」「教派神道」という対概念が用いられると、神道の全体がこの両者だけから成り立っているのだという錯覚を与えかねない。こうした用語法に慣れることで、皇室祭祀、皇室神道の存在がすっぽり抜け落ちることにもなる。

狭い意味で神道や国家神道の語を用いることによって、皇室祭祀や皇室神道が欠落してしまうことに気づいたのは井上哲治郎(第一章で『勅語衍義』の著者として登場した帝国大学の哲学教授)や加藤玄智(井上の弟子の宗教学者で東京帝大の神道講座の助教授となった)である。彼らによって、国体神道、皇室神道、国家的神道といった語が用いられた(新田均『近代政教関係の基礎的研究』、同「「国家神道」論の系譜」)。そして戦後になって、それらを包括するような用語として広い意味で国家神道の語が用いられるようになる。村上重良らによって用いられる「国家神道」の語義は、このような歴史的背景をもっている。

明治維新後の皇室祭祀の展開が、神道の近代的な形態のきわめて重要な一部であること、また、それが伊勢神宮を頂点として組織化されていく神社界と密接不可分なものとして理解されてきたことは、誰の目にも明らかである。また、国体論が天皇「神孫」論や伊勢神宮崇敬と結合し、皇室祭祀や神社界と切り離しがたい関係をもっていたことも否定のしようがない。これらを総合的に捉えて、国家神道とよぶのはきわめて自然なことだ。

皇室祭祀や国体論と神社神道とを総合的に理解しようとする国家神道論と、国家機関となった神社だけを「国家神道」とよぼうとする国家神道論が対立するようになったのは、以上のような経緯からである。

4　皇室祭祀を排除した国家神道論を超えて

国家神道と神社神道を等置しようとする傾向

一九七〇年代以降の国家神道研究において次第に顕著になっていった傾向は、国家神道を主として神社神道の事柄として、狭い特殊な意味で論じようとする専門研究者が増えたことである。皇室祭祀や国体論とは切り離して国家神道を論じようとする傾向である。

歴史学系統の学者は、あまり意識することなく、そのような方向へ進んでいった。制度史や行政史の研究が進むと制度上の用語をそのまま学術用語として用いる傾向が高まり、狭い意味の「国家神道」が浮上してくることになる。これは、従来用いられてきた学術用語が近代的な学問の先入観を前提として成り立っていることへの反省の潮流とも関わっている。抽象度が高い近代的な学術用語を批判的に捉えるところから、当事者が歴史資料の中で用いている用語に立ち返って歴史叙述をしようとする傾向だ。一九七〇年代以後の歴史学は、そのような環境の中で国家神道研究の成果をあげてきた。宮地正人、中島三千男らの研究がその代表的なものだ。

こうした傾向に対して、方法論的な考察を重視してきた数少ない歴史学者である安丸良夫は、皇室祭祀の研究が重要であることを指摘し（「現代日本における「宗教」と「暴力」」）、国家神道を狭く神社神道に限定して研究しようとする傾向に対して、「しかし、実証の次元が、主として神社制度や行政官僚の思想などにあるため、現実社会のなかで生きた多様な人びとの意識や行動のなかに国家と宗教とのかかわりを問うという発想が十分でなく、再考の余地を残していると思う」（「近代転換期における宗教と国家」五五五ページ）と注文をつけている。

安丸が指摘するように、そもそも歴史学の近代史研究において、宗教や思想をどのように扱うかについての反省はあまり進んでいない。宗教や思想の歴史を理解するには、人間の観念や実践をとらえるための方法論的省察が必要である。宗教や思想についての資料はどのような形で存在しており、どのような形で読みとり、解釈すべきなのか。宗教や思想の歴史を叙述する際、抽象度の高い語を用いることは避けられない。たとえば、「キリスト教」や「儒教」「大乗仏教」「鎌倉新仏教」「顕密仏教」「啓蒙主義」「ロマン主義」「新宗教」「政教分離」などの用語を避けて、宗教史や思想史の叙述を行うことはできない。

マルクス主義の「史的唯物論」が信じられた社会経済史優位の時代に続き、政治史・行政史・法制史に重きを置く研究傾向が優位を占めた。また、日常生活の中の観念や実践の政治的分析に力を注ぐ言説論に注目が集まった。だが、これらの潮流の中では、集合的な宗教や思想を分析するための方法論的問題が軽んじられてきた。それが国家神道論に響いている。宗教や思想に関わる歴史学の方法論的閉塞の中で、皇室祭祀や天皇崇敬が宗教史や思想史においてもつ大きな意義が見逃されてきてしまったのだ。

神社神道の立場からの狭い定義

他方、神道学者の中には、かなり明確な戦略的意図をもって、国家神道の狭い定義を掲げてきた論者が多い。代表的な論者は、戦後の神道界の立て直しに尽力し、長く神社新報社の主筆として活躍した葦津珍彦《あしづうずひこ》(一九〇九―九二)である。葦津は一九八七年、『国家神道とは何だったのか』を刊行したのだが、それは国家神道の主体を神社神道と捉え、かつ国家神道が強大な力をもったという村上重良の国家神道論を徹底的に論駁《ろんばく》しようという意図に基づくものだった。そこでは、「国家神道」を狭く定義すべきであることが、正面から主張されている。

国家神道という語の概念を正確に解するとすれば、明治三十三年に、政府が内務省のなかに神社局(後の神祇院)の官制を立て、社寺局の宗務行政下から公的神社と認めない神道の一部と区別して、宗教行政を改めた時に、決定的に確立したものである。それ以前の神宮神社の行政は社寺局の一部で行われた。その概念の定義からすれば「国家神道史」は、わずかに約四十年の歴史を残すにすぎない。指令の定義のように「国家神道」を「神道ノ一派」を指すとすれば、日本国民の間に悠久な歴史を有する神道の一短期の一部にすぎない。

(葦津『新版 国家神道とは何だったのか』九ページ)

国家神道とは行政官僚が神社を支配し、神社は宗教活動に制限を受けた時期の、けっして厚遇されたとはいえない神社神道を指すのだという。このように神社が神道本来の活動から遠ざけられていた時代のあり方を、あたかも神社界が権力と一体となって跋扈《ばっこ》し、悪しき国運を招いたかのように描き出すのは妥当ではないと葦津は論じている。こうした誤った評価を改めるには、まず国家神道の定義をGHQの神道指令に基づいて見直すのがよいという(同前、九一一〇ページ)。

アメリカ的な宗教観に基づき、近代法制上の宗教集団(「宗教」ではない国家「祭祀」の機関)として理解された「国家神道」という定義にこそ依拠するのだという。これは制度史的にはわかりやすい定義の仕方かもしれないが、神道史や宗教史を広く見渡し、神道に関わる思想や活動の存在形態を捉えようとする可能性を排除するものである。

皇室祭祀にふれない国家神道論

葦津は皇室祭祀がどのように大きな影響力を及ぼしたかについてはまったくふれない。そこには皇室祭祀・皇室神道を「宗教」や「神道」としては捉えないという断固たる意志がある。皇室祭祀が「宗教」であるとすれば、それは多様な宗教を信奉する権利をもつ国民に対して普遍的におおいかぶさる「公」的制度としての意義をもちえないことになる。葦津や葦津の戦略に従う神道学者(阪本是丸、新田均ら)にとって、皇室祭祀はどうしても「宗教」や「神道」を超えたものでなくてはならないのだ。

この立場は、神社神道は「宗教」ではなく「祭祀」だと規定した戦前の制度枠組から一歩退いて神社神道は「宗教」であることを認めるかのように見えて、実は皇室祭祀・皇室神道が「宗教」であることを否定し、国家神道の陣地を挽回しようとするものだ。皇室祭祀は「宗教」ではないものと見なすことによって、「公」領域での機能を保持し、拡張しようとする意図が背後にある。

国家神道を狭く神社神道に限定して定義することは、神社界を中心とした神道は戦前の軍国主義・侵略主義や信仰強制に対してさほどの責任はないとする論点とも結びついている。「国家神道」として制度化された神社界は、「宗教」ではない「祭祀」とされることによって、元来の生き生きとした宗教性を著しく制限されたと葦津は論じる。内務官僚の統制によって神社合祀などの変容を強いられ、仏教界からの圧力によって宗教活動を制限されたではないか。国家の財政的支えも、とりわけ明治期にはたいへん薄弱なものだった、宗教的生命を奪われた神社神道は、国民を侵略戦争に駆り立てるような力はとても持ち得なかったとするのだ。

国家神道と民間運動の重要性

葦津はさらに、尊皇を掲げ神道の信仰を鼓吹したのは、むしろ民間団体だったとも論じる。皇室祭祀を国家神道の定義から排除しようとする葦津も、皇室祭祀や天皇崇敬(尊皇)の意義を高く掲げる神道的民間団体の役割については大いに注目している。葦津はそうした民間団体を「在野神道諸流」という語で一括している。

> しかし国家の政府権力とは別に、それとはまったく相異なる神道の意識が、在野の国民の間に生きつづけて行く。それが大正時代になって燃え上る。政府の国家神道は、初めはこれを無視し、やがて弾圧を試みたが、権力への反抗は根づよい。国家神道の中枢、神社局は存外に、消極防衛につとめたが、在野神道諸流の反抗は、後には政府権力をおびやかして、心理的圧迫を感じさせる（いわゆる昭和初期からの維新動乱時代）。この間の朝野の思想史は、複雑を極めた。それは「国家神道時代」の末期十有余年のことである。（同前、一一ページ）

「在野神道諸流」というのは、神祇官再興運動を担った人々や、頭山満《とうやまみつる》の玄洋社、内田良平の黒龍会、出口王仁《おに》三郎《さぶろう》の皇道大本、五・一五事件、二・二六事件に関与した人々などを指しており、主に天皇の直接統治により、君民一体的な国家の実現を求める皇道主義的な諸集団などが念頭に置かれている（藤田大誠「「神道人」葦津珍彦と近現代の神社神道」）。葦津はもし国家神道という語を、尊皇や敬神を掲げる精神運動という意味で用いるとしたら、これらの「在野神道諸流」がそれにあたると示唆していると読み取れないこともない。いわば尊皇主義的な反体制の立場から、宗教活動を制限され国家機関となった神社界のあり方への慨嘆を基礎とした「国家神道」観である。

皇室祭祀を排除した国家神道論は成り立たない

しかし、皇室祭祀・皇室神道を排除した国家神道理解が成り立ちえないことは明らかである。明治維新後、政府はキリスト教に対抗できる祭政一致国家樹立の建前にそって、皇室祭祀を充実させるとともに、天皇崇敬を国民に広めようとした。神社神道はその施策にそい、皇室崇敬に資するような新たな神社を設立しつつ全国の神社を組織化していく過程で形成されていったものだった。近代に形成された神社神道組織を皇室祭祀と切り離して、それだけを独立した宗教組織として実体視するのは適切ではない。それは、戦後、神社本庁として民間団体となった神社神道の像を、過去に投影する誤りを後押ししかねないものでもある。

神社の連合体は皇室祭祀や天皇崇敬のシステムの発展と並行して明治維新後に次第に形成されていき、神職組織や神職養成機関の設立によって(第四章)、また一九〇〇(明治三三)年以降は内務省の強力なイニシアティブのもとで組織化を進められたものである。社会的な存在形態としては、神社神道と皇室祭祀の双方が国家神道の重要な構成要素であることをまずは確認したい。その上で、宗教や思想としての国家神道がどのような構成要素を含むかについては、さまざまな理解の立場がありうる。国体論や尊皇思想のどこまでが国家神道の枠内に入り、どこまでが国家神道の枠外のものと捉えるかは、事例研究を重ねつつ、より適切な事実認識に合致した用語法を求めていくべきものだ。

近代宗教史、思想史を考える際、皇室祭祀の意義を軽んじる姿勢は、明治維新以後の政治体制を支える思想を、「天皇制イデオロギー」という語で一括してきたことによっても助長された。マルクス主義的な歴史研究では、思想や宗教を「上部構造」として理解し、言語で明瞭に表現された「イデオロギー」に力点を置く傾向があった。また、「天皇制」という政治制度に即して思想や宗教を理解することに力が入りがちでもあった。

「天皇制イデオロギー」という概念

しかし、近代日本の天皇崇敬を基軸とした社会統合システムにおいては、身体的実践や儀礼行動がきわめて大きな役割を果たした。また、学者や知識人ではなく、庶民諸階層の思考や実践の様式が関与する側面が大きかった。神道や祭祀という観点からの理解が必要なのは、まさにそうした諸階層の人々の身体的実践や儀礼行動の側面においてである。

歴史学の立場からの国家神道研究が皇室祭祀を軽視しがちであることと、「天皇制イデオロギー」の語に依拠する傾向が強いこととは大いに関係がある。イデオロギーという概念に込める意味は立場によって異なっているが、イデオロギーという概念に影響されて国家神道を捉え損なっている点では、神道指令の背後のアメリカ的な発想と、マルクス主義以来の「社会科学」的発想に相通じる点がある。

個々の要素を切り離さない神道理解

この章では、「国家神道」という用語の意味が不明確になり、国家神道とは何かをめぐる議論が混乱していることを踏まえ、適切な国家神道の輪郭づけを試みてきた。皇室祭祀や天皇崇敬と切り離されたものとして、神社神道だけを国家神道とする用法が広まってきたが、それには神道学、歴史学など異なる立場でそれぞれ異なる理由で、偏った考察がなされてきたためだった。こうした捉え方は、宗教や思想の歴史を歪めてしまう結果を招く。

実際には神社神道は皇室祭祀と一体をなすべきものとして形成されていった。そしてそれらは国民に天皇崇敬を広め、それによって国家統合を強化しようという意図と切り離せないものだった。第三章で述べるように、その導きの糸となった理念は、祭政一致とか祭政教一致とか皇道とよばれたものである。神道祭祀や天皇崇敬を核とする、あるべき国家の像が江戸時代末期に形成され、維新政府の政策の指標となった。そうした指標に従って、神社政策、宗教政策、祭祀政策、国民教化政策が行われていった。神道祭祀と天皇崇敬が核にあるという点で、それらの諸政策は相互に連関しあっており、天皇崇敬の周囲に形作られた「祭」や「教」は一体をなすものであり、「国家神道」とよべるような全体を形作っていた。

この章の前半で私は「国家神道」のおおよその輪郭づけを行ったが、それは村上重良が『国家神道』で行っている輪郭づけと近い。だが、村上の場合、国家神道が堅固な一体性をもって上から強制されたということが強調されすぎているのは指摘したとおりだ。『国家神道』の結論的な叙述において、村上は「国家神道は、二十数年以前まで、われわれ日本国民を支配していた国家宗教であり、宗教的政治的制度であった。明治維新から太平洋戦争の敗戦にいたる約八〇年間、国家神道は、日本の宗教はもとより、国民の生活意識のすみずみにいたるまで、広く深い影響を及ぼした」と述べている（『国家神道』ｉページ）。

実際は、国家神道の形成・浸透にはかなりの時間がかかったし、他宗教に対して、それなりに許容的な時期もあった。上から国民に強制された側面があるとともに、国民自身が担い手となった側面もあった。古代への復帰を唱えたり、古代の制度を理想化して利用したりしたが、近代に創造された新しさが際立っている。村上の叙述ではこれらのことが軽視されている。

皇室祭祀、神社神道、国体論

しかし、国家神道の構成要素についての村上の見方は傾聴に値する。村上は国家神道を、「神社神道」と「皇室神道」と「国体の教義」の三つの要素からなるものとして捉えている。

国家神道は、集団の祭祀としての伝統をうけついできた神社神道を、皇室神道と結びつけ、皇室神道によって再編成し統一することによって成立した。民族宗教の集団的性格は、国家的規模に拡大され、国民にたいしては、国家の指導理念である国体の教義への無条件の

忠誠が要求された。国家神道の教義は、そのまま国民精神であるとされた。（同前、一二三ページ）

村上のこの見方は、「神社神道」と「皇室神道」が不可分のものとして展開したという実証的根拠に基づいている。しかし、「国体の教義」がそれらと切り離せない密接な関係にあったという点については、村上の根拠づけは弱い。神社神道や皇室神道と国体論がどのような関係にあったか、村上は十分に説明していない。新田均はその点をついて、村上が唱えるような「国家神道」は幻想だと批判したのだった。

これに対して、私は第2節で皇室祭祀と神社神道の複合体は、さらに天皇崇敬とも密接に結びついていたこと、そして天皇崇敬は教育勅語を通して学校で広められるなど、幅広い普及のチャンネルをもっていたことを示した。一方、村上は西洋のキリスト教文化を背景とした宗教観に引きずられ、国家神道を宗教施設や聖職者のような組織的単位から考えている。だから、「国体の教義」と「皇室祭祀」「神社神道」複合体の関係づけに失敗したのだ。

しかし、宗教や思想の歴史を考えるには、何よりも観念や実践の流布・習得について調べてみなくてはならない。国家神道の歴史において学校や祝祭日システムやメディアが重要なのは、それこそが天皇崇敬やそれに関わる神道的な観念と実践の流布・習得において決定的に重要な役割を果たしたからだ。「国体の教義」と「皇室祭祀」や「神社神道」を結びつけたのは、教育勅語や祝祭日システムやメディアだった。そこでは皇室祭祀や神社神道と国体論を結びつけ天皇崇敬を鼓吹する行為が、長期にわたり日常的に行われていたのだった。

第三章

国家神道はどのように生み出されたか？

―― 幕末維新期 ――

1　皇室祭祀と神社神道の一体性

この章では、皇室祭祀、神社神道、国体論などの要素からなる国家神道が、統合性をもった構想の下で形成されてきたことを示していく。これは儀礼や施設や組織の側面から（つまりは、皇室祭祀と神社神道の側面から）と、メンタルな側面、観念の側面から（国体論の側面）とに分けて見ていくと分かりやすいが、力点は後者にある。人々の思考の中で形作られた構想こそが主たる推進力となったからである。明治維新前後に国家神道の制度や教化方法の具体像は見えていなかったが、統合的な国家神道のビジョンはすでに示されていたことを明らかにしたい。

維新期に構想された国家神道

だが、具体的に形をとって現れるのは、儀礼や施設や組織である。だから、そちらの叙述が先立つことになる。まず、維新前後から明治後期にかけて皇室祭祀と神社神道が統合的な制度として展開していったことを示し、続いて、それらに先立って江戸時代後期から明治初期までを対象としながら、祭政教一致や皇道の理念が支配的な国家精神秩序構想となっていく過程を明らかにする。「大教宣布の詔」（一八七〇〈明治三〉年）はその明快な現れであり、その後の政策の基準線を示すものだ。

明治維新後、祭政一致の理念の下、神道的な皇室祭祀が拡充され、大きな役割を果たすようになる経過については第一章であらまし述べた。ここでは、それがすでに明治維新直後の段階で予想されており、根本指針として提示されていたことについて述べていく。祭政一致、あるいは祭政教一致の理念に基づく国家精神秩序の構想、後に国家神道に結実するビジョンが、明治維新期には指導層に共有されるに至っていた。

伊勢神宮と宮中三殿という二つの聖所

皇室祭祀が行われる宮中の聖所の重要性が認識され、奠都に伴い、一八六九年には新たに賢所《かしこどころ》が設営され三種の神器の一つの神鏡が祀られた。七一年にはあわせて皇霊が、また翌年には維新直後に神祇官に祀られた神殿(八神殿、天神地祇)も統合された。八九年には、これらが移設され、大規模な宮中三殿が設けられた。ここで強調したいのは、この宮中三殿は皇祖神、天照大神を主神に祀る神道施設で、日本の神々の中心に位置づけられた伊勢神宮と一対の施設と考えられていたという点である。

伊勢神宮と宮中三殿こそ国家神道の中心的聖所だった(対外戦争の増大により、靖国神社がそれに加わる〔第四章〕)。一八八九年に発布された大日本帝国憲法は、第一条に「大日本帝国ハ万世一系《ばんせいいっけい》ノ天皇之ヲ統治ス」と規定するが、その神聖な「万世一系」の天皇の統治は、この二つの聖所を基盤としてこそなされるのだ。明治国家が祭政一致の理念を掲げる国家であることは、まさにこの二つの聖所によって明白になる。この二つの聖所の果たした巨大な役割を見ることなくして、国家神道について論じることはできない。

明治維新によって、伊勢神宮は国家神道の中心施設として生まれ変わることとなった。多くの民間人が関わり、地域社会に密着した宗教施設であった伊勢神宮を、祭政一致国家の政府中央と直結した、神聖な帝国施設として生まれ変わらせねばならなかった。明治期には、全国のさまざまな神社が国家施設的な特徴をもつものへと変化するよう促されたが、伊勢神宮の改革はその先頭を切るものだった。天皇家の祖神を祀る神社であるから、それは当然のことと考えられた。

明治維新以前と以後で伊勢神宮は一変した（西垣晴次『お伊勢まいり』）。伊勢神宮の地元の宇治山田地域には三〇〇以上の仏教寺院があったが、維新後には一五にまで減っていた。それまでは御師《おし》（おんし）（師職）とよばれる民間宗教家が全国各地の崇敬者と師檀関係をもっており、参拝者は御師の営む坊に宿泊した。また、御師は全国各地を回って神札（伊勢大麻《たいま》・神宮大麻）を配っていた。一八七一年にはこの御師が全廃されることとなった。大量の失業者が出るとともに、宇治山田の町並みも大きくかわった。

国家機関である神宮に奉祀する神職も世襲制が廃され、約四分の一に人員削減が行われた。

かつては五十鈴《いすず》川の内側の神域にも相当数の民家があったのだが、一八八七年までには撤去された。江戸時代の「お伊勢さん」は、六〇年に一度、熱狂的な集団参拝、「おかげまいり」や「ええじゃないか」が起こり、全国からご利益を求め幸福への願いを込めて参拝する民衆の聖地だった。明治維新後、神宮は国家の管理下に入り、天皇・皇室との関係を強め、皇室祭祀と一体の荘厳な国家神道の聖所へと変貌していくことになった。

新皇室祭祀体系の創出

伊勢神宮と天照大神《あまてらすおおみかみ》の地位の変化は、新たに創出された皇室祭祀の特徴を見ることによっても明らかになる。新嘗祭《にいなめさい》は伊勢神宮のもっとも重要な祭儀である神嘗《かんなめ》祭《さい》に対応する宮中の祭祀だ。その神嘗祭については、従来、宮中では奉幣と遥拝《ようはい》が行われるだけだったが、一八七一年からは賢所でも天皇の親祭により神嘗祭が行われることとなった。新嘗祭、神嘗祭以外にも宮中三殿で行われる祭典が整えられていったが、その多くは明治維新後に創始されたものだ。村上重良は主なものは記紀神話に基づく祭祀と皇霊の祭祀とに大別できるという(『天皇の祭祀』)。

まったく新たに始められた祭祀の一つは元始祭だ。これは正月三日に行われ、年のはじめに天孫降臨《てんそんこうりん》を祝うものだ。記紀神話によれば、天照大神の命により瓊瓊杵尊《ににぎのみこと》が地上に降される。その時、天照大神が授けたとされる言葉が、第一章でも引いた「天壌無窮の神勅」とよばれるものだ(三四ページ参照)。瓊瓊杵尊は祖母なる女神の命により、日本国の統治を命じられ、その使命は神武天皇をはじめとする歴代の天皇へ引き継がれていく。元始祭は天孫降臨以後、絶えることなく現在まで続く神聖な皇位、すなわち「天津日嗣《あまつひつぎ》」を言祝《ことほ》ぐもので、新嘗祭に次いで重要な祭典とされた。

紀元節祭も新たに設けられたものだ。これは初代の天皇である神武天皇の即位を記念する祭典で、一八七三年から行われるようになった。瓊瓊杵尊から三代を経て神武天皇は、軍を率いて日向《ひゅうが》の地から東上し(神武東征)、大和の地を制圧して橿原《かしはら》で即位の礼を行った。これを天皇による神聖な統治の始まりとして祝うものだ。「紀元」というのは、神武天皇の即位を起点として「皇紀」を定めたことに由来する名称だ。

中国の辛酉革命思想の影響を受け、『日本書紀』は神武天皇の即位の日を「辛酉年春正月庚辰朔」と記している。これを西暦紀元前六六〇年とし、その二月一一日が即位の日だと想定して祭日を定めたものだ。元始祭と紀元節祭は天照大神の神意に基づく、聖なる天皇による国家統治の紀元を祝うとともに、「万世一系の天皇」の神聖さを称えるものでもあり、国家神道の代表的な祭祀である。

これらは、全国の神社で行われてきた多様な祭祀の中に、新たな次元を持ち込むという意味をもった。天照大神から瓊瓊杵尊へ、瓊瓊杵尊から神武天皇へ、そして歴代の天皇を経て今上天皇へという「皇祖皇宗《こうそこうそう》」の系譜を強く意識し、きわめて重い意味をもつ神道祭祀として創設されたものだ。伊勢神宮は天皇の祖神を祀る神社であるから、これらの祭祀は、伊勢神宮と深い関わりをもつものであることは言うまでもない。

皇室祭祀と神社神道との一体性の強化

国家神道の構成要素として「天皇の祭祀」(皇室祭祀)が重い意味をもつのは、神社の祭式と皇室祭祀が一体化し、国家神道の統一的な儀礼体系が形作られていったことによる。明治末期に二〇万と数えられた全国の神社は、かつてはそれぞれにその神社の伝統や地域の歴史的事情などを反映して、さまざまな行事暦をもち、また祭などの行事内容も多様だった。しかし、「天皇の祭祀」が整えられ存在感を増してくるに従って、それらは神社祭祀の中でも重みを増し、神社祭祀の範型としての意味をもってくるようになった。

一八九四年、内務省は訓令を発し、「大祭」と「公式の祭」に分けて、伊勢神宮と官国幣社の共通の祭祀を指定している。伊勢神宮の祭祀は皇室祭祀に対応しているが、その伊勢神宮の祭祀と全国の官国幣社の祭祀は対応すべきことが明瞭に示されたこととなる。

[伊勢神宮]

大祭――神嘗祭。祈年祭。神御衣祭(皇大神宮、荒祭宮)。月次祭《つきなみのまつり》(六月・一二月)。新嘗祭。臨時奉幣式。正遷宮。

公式の祭――元始祭。紀元節。天長節。歳旦。風日祈祭。遥拝祭。大祓。

〔官国幣社〕
大祭――祈年祭。新嘗祭。例祭。臨時奉幣祭。本殿遷座。
公式の祭――元始祭。紀元節。大祓。遥拝式。仮殿遷座。神社に特別の由緒ある祭祀。

明治維新以来、神社神道を国家の祭祀とすることが目指されたが、多くの紆余曲折を経て、ようやくこの段階で皇室祭祀と伊勢神宮を頂点とする統一性をもった神社集合体としての姿を見せている。

「神社に特別の由緒ある祭祀」こそ、元来の神社の祭祀だったものだ。しかし、それは、多くの皇室祭祀や伊勢神宮の祭祀と斉一の祭祀に並ぶ部分的なものと位置づけられた。神社への国庫補助金ともいうべき供進金制度が確立するのは一九〇六年だが、これによって供進を受ける神社は「国家ノ宗祀」(一八七一年五月一四日の太政官布告に由来し、神社は私人の崇敬対象ではなく国家の儀礼を担うものという意義を表す語〔第四章第3節〕)という自覚を強めることになる。一九〇〇年より神社局が着手し、〇六年から内務省の主導で進められるようになった神社合祀は、地域社会の小さな神社を廃して大きな神社に合祀し、多数の氏子をもつ規模の大きな神社のみを残そうとするものだった。これには抵抗が大きかったが、成功した場合には神社祭祀の斉一化をいっそう押し進めることにつながった。

一九〇七年には内務省より「神社祭式行事作法」が告示され、一四(大正三)年には「神宮祭祀令」「官国幣社以下神社祭祀令」が勅令として公布される。同年には、また、「官国幣社以下神社祭式」が公布され、祭式の詳細な内容も規定されるようになる。こうして「天皇の祭祀」と伊勢神宮を頂点とする統一的な祭祀施設集団として「神社神道」が確立していく。このような展開を見れば、神社に焦点をあてた場合でも、「天皇の祭祀」を視野の外に置いた国家神道論が偏ったものにならざるをえないのは明らかである。

2　新たな総合理念としての皇道論

理念や思想としての国家神道

では、一体である皇室祭祀と神社神道に対応する理念や思想にあたるものは何だろうか。ここからは国家神道を導いたメンタルなもの、すなわち言説や表象の形成について述べていく。村上重良はこれを「国体論」に集約できると考え、それを「国家神道の教義」とよんだが、その内実については詳しく論じていない。とくに明治初期においてそれがどのような形態をとって現れていたか、またそれに先立つ江戸時代末期において新たな国体論の形態がどのように形成されてきたかについてふれていない。

国家神道が人々を巻き込んで大きな力を発揮するに至った理由を理解するには、このメンタルな要素の形成過程を明らかにしなくてはならない。「祭政一致」がそうした理念の一部をなすことは確かだが、ここでは「祭」「政」に加えてさらに「教」の側面に目を凝らすことになる。なお、ここでの「教」は「政教分離」というときの「教」のように近代的な意味での「宗教」を指すのではなく、「天皇による神聖な統治の教」としての「教」である。

まず注目したいのは、「大教」「皇道」などの語である。明治維新後の早い時期に、こうした理念が聖典的な意義をもつ天皇の言葉、つまり「詔勅」として提示され、以後も正統理念としての地位を失わなかった。それは、万世一系の「国体」や天皇崇敬と神道の祭や神祇崇敬を結びつけ、国民の結束と国家奉仕を導き出すことができる理念だった。一方、それはまた多様化や自由化を含意し、個々人の自発性を尊びながら富国強兵に向かう国家を支えることができるような理念としても捉えられていた。今、私たちが「国家神道」とよんでいるものの観念内容(「国家神道の教義」にあたるもの)は、明治維新前後の時期に「大教」「皇道」などとよばれていたものとおおよそ重なり合うものなのだ。

王政復古・神武創業

　ここで、明治維新の早期に掲げられ、新政権の基本理念を示した文書のいくつかに目を通しておこう。まず、一八六七(慶応三)年一二月九日の「王政復古の大号令」を見よう。

抑《そもそも》　癸丑《みずのとうし(きちゅう)》　以来未曾有ノ国難(中略)之ニ依リ叡慮決セラレ王政復古国威挽回ノ御基被為立《たたせられ》候間、自今《じこん》摂関幕府等廃絶(中略)諸事神武創業ノ始ニ原《もと》ヅキ(中略)旧来驕惰《きょうだ》ノ汚習ヲ洗ヒ、尽忠報国ノ誠ヲ以《もって》奉公致ス可ク候事

「癸丑」というのは一八五三(嘉永六)年のことで、ペリーの黒船来航の年を指す。そこで自覚された「未曾有ノ国難」に向き合い、「神武創業ノ始」という神話的過去に立ち返ってこれを克服するのだと宣言している。

次に、同じく「神武創業ノ始」を掲げる、一八六八年三月一三日の「祭政一致布告」を見よう。

此度、王政復古神武創業ノ始ニ被為基《もとづかせられ》、諸事御一新祭政一致之御制度ニ御回復被遊《あそばされ》候ニ付テハ、先《まず》第一神祇官御再興御造立ノ上、追々《おいおい》諸祭奠モ可被為興《おこせらるべき》儀被仰出《おおせいでられ》候。（中略）普《あまね》ク天下之諸神社・神主禰宜《ねぎ》・祝《ほうり》・神部ニ至迄、向後右神祇官附属ニ被仰渡《おおせわたせられ》

これによれば、「神武創業ノ始」に立ち返るとは「祭政一致」により「億兆一心」、つまりは国民的団結を得ることを意味し、そのために神祇官を再興して神道による国家統一を進めることである。

大教宣布の詔

「大教」の語は現在、私たちが「国家神道」とよぶものに対応する語であり、一八七〇（明治三）年一月三日に下され、その後の展開を方向づける「大教宣布の詔」（宣布大教詔）という綱領的文書に掲げられている。「祭政一致」はさらに「教」の次元での統合をも含むが、その際、「大教」「治教」「惟神《かんながら》の大道」が唱えられることになる。

朕恭《うやうや》しく惟《おもん》みるに、天神・天祖極《きょく》を立て統《とう》を垂れ、列皇相承《う》け、之を継ぎ之を述ぶ。祭政一致、億兆同心、治教上《かみ》に明らかにして、風俗下《しも》に美なり。而るに中世以降、時に汚隆《おりゅう》有り。道に顕晦《けんかい》有り。今や天運循環し、百度維《こ》れ新なり。宜しく治教を明らかにして、以て惟神《かんながら》の大道を宣揚すべきなり。因つて新たに宣教使を命じ、天下に布教せしむ。汝《なんじ》群臣

衆庶、其れ斯《こ》の旨を体せよ。

「極を立て統を垂れ」というのは、水戸学者、藤田東湖《とうこ》（一八〇六―五五）の『弘道館記述義』（一八四七年）の一節を下敷きにしており、確固たる根源を樹立することを意味する。「祭政一致」の語が用いられているとともに、「治教」の語が登場することにも注目したい。「大教」と「治教」はほぼ同じものを指している。

「天照大神や他の神的存在がすえた確固たる根源に従い、歴代の天皇が受け継いできた教え（治教）がある。それは祭政一致により国民皆が団結する基盤となるもので、そのために人々の生活も美しくなるものだ」という。古代のよき秩序が後に崩れて、中世には醜い体制に陥ったが、今こそ古代の美風に立ち返り、「惟神の大道」を宣揚すべきときだという。「宣教使」は「大教」を広めるための国家的役職を指すが、人材不足で実質的な成果をあげないまま、教部省の教導職制度に道を譲ることになったものだ。

この文書は明治維新が目指した国家の精神的秩序の柱となるべき理念を示したものである。その意味で、国家神道の理念的枠組を示したものと言えるだろう。この詔どおりに「大教」を広めようとすると、近代国家の建設という現実的な課題との間に齟齬が生じる。そこで明治国家の指導者たちは建前としてこれを掲げつつも、現実の運用については適当な調節を行っていた。しかし、「大教」の理念は、天皇・皇室および神社体系が関与する場面では、否定することができない正統理念として機能し続けたのである。

教部省の下で「三条の教則」を掲げて行われた「国民教化」の目的も、「大教」や「治教」を広めようとするものだった。その点では、神祇官・神祇省の段階（一八七二年まで）と、教部省の段階（一八七七年まで）、さらにはそれ以後の段階に一貫性がある。これらは「宗教」（宗門・宗旨）とは異なるもので、多様な広がりをもつ国民の一体性（「億兆同心」）に関わるものなのだ。そして、それはまた「皇道」とよばれるものともたいへん近い内容をもっている。

隠れた指導理念としての「皇道」

実はこの「大教宣布の詔」に先立って「皇道興隆の御下問」（一八六九年五月二一日）が示されていた。「大教宣布」は「皇道興隆」と同義であり、「皇道興隆の御下問」でそのための方策を下々に提案させた上で、「大教宣布の詔」が下されたのだ。その「皇道興隆の御下問」では、統治が弱まり社会が混乱した状況を、「治教未ダ浹洽《しょうこう》ナラズ。是皇道ノ昭昭ナラザルニ由《よる》トコロ」と述べている。「浹洽ナラズ」とは盛んでない様子をいい、「治教」が人々に行き渡っておらず、「皇道」が太陽が輝くように人々の行き先を照らしていない状態を問題にしている。それを克服して「上下同心」を得る鍵は「祭政一致」にもどること、あるいは「報本反始」、すなわち原点に返ることにあるという。

「大教宣布の詔」と「皇道興隆の御下問」の二つの文書は、「大教」「皇道」を広めること、つまりは国家神道を確立することを指示した天皇の発言という形式をとっており、明治国家の根本理念を闡明《せんめい》した文書として重い意味をもつ。「皇道」という語は「国体」という政治理念を、天皇崇敬の実践に引き寄せつつ、さまざまな思想的宗教的立場を包み込む包容的な制度を構築する語として幕末期に台頭してきたものである。一方で多様化や自由化、他方で精神的一体性による国民統合、これらを両立させることができるような立場を示す語であり、ある種の近代性をもった理念であることに注意したい。

明治期以降の「皇道」の語の展開

明治期に入ると、「皇道」は政治的な場面では表に出にくいが、否定できない正統思想を表す語としての地位を得ていく。天皇崇敬を尊ぶ人たちが掲げ、正統としての地位は失っていないものの、近代化を進めようとする社会の主流の人々は敬して遠ざけるタイプの言説となる。そのような正統理念として隠然たる規制力をもち続けたのである。

政治体制に関わる「国体」は公然と唱えられる正統思想の理念語だったが、「皇道」はそうではない。「道」といえば個人の生き方や社会のあり方の総体を表す。「国体」が国民の生活に体現されるには、「道」や「教」の次元が欠かせない。「皇道」や「大教」は天皇崇敬を体現した「道」「教」ではあるが、それを人々に強いるとなると抵抗がある。そこで、皇道を国民に抵抗なく受け入れさせるための方法が模索されていくことになる。

だからこそ「皇道興隆の御下問」もなされたのだが、絶妙の答えはなかなか見つからなかった。やがて「教育勅語」という妙案が産み出されることになる。やや薄めた形ではあるが、「皇道」を具体化し、広く国民に行き渡らせる役割を担ったのが教育勅語だった。教育勅語はどのような宗教をもとうと、また宗教をもつともたないとにかかわらず、国民が守るべき包容的な「教」として提示された。この包容性は「皇道」の理念の核心をなすものでもあった。

第一章の初めに暁烏敏《あけがらすはや》の例をあげて示したが、「皇道」の語は一九三〇年頃から敗戦に至るまでの時期、仏教勢力も含めて全国民が従うべき「道」を示す語として強い拘束力を発揮するようになる。この時期には、皇道の語が広い範囲の人々により頻繁に用いられるようになっていた。この時期はまた、皇道の包容性がひときわ顕著に示されることにもなった。たとえば、徳富蘇峰(猪一郎)は『皇道日本の世界化』という書物を書いて「釈迦も、孔子も、基督も」包摂するような「皇道無辺」について語っている(一九三八年)。「皇道」理念の歴史についての包括的な研究成果が、國學院大學の指導的神道学者であった河野省三によって一九四二年に刊行されている(『国体観念の史的研究』『皇道の研究』)のは、以上のような事情が反映している。

皇道思想の歴史

河野によると「皇道」の語と深い関わりをもつ「神皇」の語は、鎌倉時代から用いられ、北畠親房《ちかふさ》の『神皇正統記』では、「神(天照大神)と皇《すべらぎ》(天皇)との御一体たる道理と事実」を述べた語という意味で用いられていた。やがて「皇道」の語が「神皇の道」の意味で用いられるようになるが、それは一七世紀の後半、栗山潜鋒《せんぽう》(一六七一—一七〇六)、三宅観瀾《かんらん》(一六七四—一七一八)らによってだ。彼らは朱子学者で天皇崇敬をも重視し垂加神道の祖である山崎闇斎《あんさい》の学統や、儒学をよりどころとしながらも天皇による統治の歴史を尊ぶ前期水戸学の学統に連なる人々だ。幕末に尊皇論が活性化すると、「皇道」の語に急速に注目が集まっていく。

そこでは、「皇道」は「惟神《かんながら》」「現御神《あきつみかみ》」「神皇一体」「祭政一致」「神道即皇道」などの語とセットで用いられるのを常とした。つまり、天皇による統治の特別な価値を掲げる国体論を前提としつつ、そこに神道色宗教色が盛り込まれているのが特徴である。「国体」の語は基本的には政治体制に関わるものであり、国学の側からも儒学の側からも提起できる。しかし、そこに「天皇の祭祀」の実質をなすような神道的要素が入り込んでくると、儒学や近代政治思想や近代法理念の枠をはみ出す。儒学の側からの国体論が神道色を強め、宗教的道徳的要素、つまりは「教」の要素を強めると、その内実を表す語として「皇道」が浮上してくる。「皇道」と「大教」「治教」は関連しあった用語だが、「祭政教一致」も同様である。

会沢正志斎「新論」の祭政教一致論

「天皇の祭祀」(皇室祭祀)が来るべき近代国家の主軸となるべきだと論じ、幕末の尊皇論のバイブルのごとき文書として尊ばれたのは後期水戸学の指導者、会沢正志《あいざわせいし》斎《さい》(一七八二—一八六三)の『新論』(一八二五年)である。『新論』では「皇道」の語は登場しないが、「治教」や「祭政教一致」にあたる用語は登場する。

『新論』の本論は「国体」から始まる(今井宇三郎他校注『日本思想大系53 水戸学』)。その冒頭部分で会沢は、人民が「億兆心を一にして」帝王を恃《たの》み、畏服するのは、「天祖」(天照大神)から「皇孫」(瓊瓊杵尊)に伝えられる忠孝の教やそれを体現した天皇の祭祀があるからだと論じている。「教」が機能するのは、大嘗祭を頂点として、「天孫」が「天祖」の「大孝」を述べたのにならった祭祀の体系があり、「祭政維一」が成り立っているからである。「祭は以て政となり、政は以て教となり、教と政とは、未だ嘗《かつ》て分ちて二となさず」という。祭祀の原型は天照大神が天孫瓊瓊杵尊に宝鏡をたてまつり、「これを視ること、なほ吾を視るがごとくせよ」と教え、瓊瓊杵尊がそこに天祖そのものを視た「大孝」の所作にあるという。

ここでは「政」と「教」との一致が唱えられるが、これは「治」と「教」と表現されることも多く、さらに「治教」の語も用いられる。『新論』以外の会沢の著作を見ても、「治教」に関わる論述は度々見られる(塚本勝義『会沢正志の思想』)。一般に「教」は為政者の統治行為にこそ根幹があるという。「教法の原《もと》は人君の躬行《きゅうこう》と政治の得失とにある事にて、人君道を信ずる事厚く、治と教とを一致にするに非《あら》ざれば行はれざる事なり」(『学制略説』)、水戸藩主徳川光圀《みつくに》(義公)こそ「一国の治教に心を尽くさせ給ふ」た偉大な人物である(『草偃和言《そうえんわげん》』)などとあるごとくである。

だが、何よりも至尊の存在である天皇の祭祀を通して、天下に忠孝の心に基づく理想の「治教」が行われなければならない。「ここを以て祭政は一致し、治教は同帰にして、民、望《のぞみ》を属するところあり。天下の神祇は、皆天皇の誠意の及ぶところ、この意あれば必ずこの礼あり。民これに由りてまた上の意の嚮《むか》ふところを知り、感欣奉戴《かんきんほうたい》すれば、忠孝の心、係るところありて、一《いっ》に純《もっぱ》らなり」（『新論』長計）。祭政教一致によってこそ社会秩序の根幹が定まり、天皇と民の心が一体となった国家の繁栄と平和な世が訪れる――こう会沢は説いた。

3　維新前後の国学の新潮流

「皇道」「大教」「祭政教一致」といった概念は、儒学者が尊皇意識を強め、神道的な祭祀や惟神の道としての天皇への崇敬の教えを説くようになる過程で普及していった語だった。しかし、他方、国学者からも「皇道」論や「祭政教一致」論への接近が見られる。

大国隆正の政治的神道論

平田篤胤《あつたね》(一七七六―一八四三)ら復古神道を掲げる国学の多数派は、儒学や仏教を排除して、日本古来の神道で日本人全体の生活が統合されるべきだという立場をとった。しかし、キリスト教の流入というさし迫った脅威を前にして、実際には儒学や仏教を抱き込んで結束していかなくては近代国家の形成はおぼつかない。そこで、国家統合の次元で天皇崇敬を基軸とし統一を保ちながら、多様な国民の精神生活には現実的に対処しようとする考え方が台頭し、儒学的な「皇道」論や「祭政教一致」論の立場に近づいていく。この動向を代表するのは、長州藩に隣接する津和野藩の大国隆正《たかまさ》を初めとする国学者たちだった。

津和野藩は早くから長州藩の盟友として王政復古の現実的プログラムに関わっていた。維新政権の中枢に近い位置を占めるべく、絶好の地の利を得ていた。他方、津和野藩は藩校養老館での国学の研究がさかんで、岡熊臣《くまおみ》(一七八三—一八五一)や大国隆正(野之口隆正、一七九二—一八七一)らの有力な国学者が登用されていた。藩主の亀井茲監《これみ》は岡や大国、とりわけ後者の思想に基づき、明治維新以前に神仏分離を実行したり神葬祭を導入したりした。また、寺院を減らし僧侶の還俗を勧め、神社の祭式を統一し、養老館に楠公《なんこう》(楠木正成《くすのきまさしげ》)や家祖元武《げんぶ》神霊《しんれい》を合祀し饗応を盛んにするなどの政策を実行した。

大国の思想は神儒習合的な色彩が濃く、その神道は天照大神の示す「政治的・道徳的教えとしての神道」(玉懸博之「幕末における「宗教」と「歴史」」)であり、上下関係の規範を説く「教」を重視するものだった。また、情勢の推移に柔軟で積極的な姿勢で臨み、「外教」に対応して世界における日本の精神的優位を確保すべく、現実的政策による道の実現に期待をかけてもいた。そうした現実的な展望のなかで実現されるべき「政治的・道徳的教え」のモデルとして、神武天皇による天皇祭祀があると考えられた。

大国によれば、『日本書紀』神武天皇紀四年二月二三日条に「我が皇祖《みおや》の霊《みたま》、天《あめ》より降り鑒《み》て、朕《わ》が躬《み》を光《てら》し助け給《たま》へり。今諸《もろもろ》の虜《あたども》已《すで》に平《む》けて、海内《あめのした》事なし、以て天神《あまつかみ》を郊祀《まつ》りて、用《も》て大孝《おやにしたがうこと》を申《の》べ給ふべし」とあるのに基づき、神武天皇自身が祖神を祭祀して「大孝」をのべたのを再現することが、新国家の倫理規範の根本となるとするものである(大国隆正『神祇官本義』一八六七年)。ユートピア的な「神武創業」への復古が「天皇の祭祀」とそれに基づく忠孝の「教」化を通して実現できると信じられたのである。

『新論』の会沢正志斎は瓊瓊杵尊に立ち返って「祭」「教」の根幹を樹立しようとしたが、大国隆正は同じことを神武天皇に立ち返ることで実現しようとした。明治維新後の「天皇の祭祀」では、それぞれ元始祭と紀元節祭として具体化されていくことになる。

津和野派国学者の包容主義

維新後、津和野藩主亀井茲監と家臣の福羽美静《ふくばびせい》らは神道行政の主たる担い手となるが、その政策はすでに幕末期に津和野藩で実行されたものが少なくなかった。もちろん維新期初期の神道行政は津和野派だけの主張でなされたものではないが、政権内での津和野派の影響力はすぐに平田派を圧倒し、一八六八年頃には彼らが神道事務局を動かし、行政の主導権を握るようになっていた。

彼らは「神武創業」の理念を朝廷の旧弊一新・改革によって具現化しようとする大久保利通《としみち》、木戸孝允《たかよし》らの政治勢力に寄り添いつつ、「天皇親祭」の政策を強力に推進していく。中央集権的な政権の核に天皇の人格的権威を置くこと(天皇親政)を目指した藩閥指導者らと呼応して、天皇が自ら神道祭祀を行うべきこと(天皇親祭)を強調し、「五箇条の誓文」(一八六八〔慶応四〕年)を公にする際も「誓祭」の形式にその主旨を反映させようとした。天皇の政治君主化と最高祭主化を並行して進め、祭政一致の具体化を図るものだった。

また、五箇条の誓文のしばらく後に発生した浦上のキリスト教徒の処分問題については、津和野派は彼らをむやみに弾圧することに反対し、神道を中心とした国民教化によりこれに対すべきことを強調した。キリスト教に対抗するにはそれを抑圧するのではなく、それにまさる神道の「教」を諭す必要があるという考えによるものだ。それを亀井は「皇国固有之大道」、福羽は「彼教ヲ圧倒スル所ノ大道教」、そして大国は「御一新の神道」とよんでいる。この国民教化における「教」の意義の強調と「天皇親祭」における「祭」の意義の強調は結合され、「祭政教一致」の語によってまとめられている。

祭政教一致の理念

「祭政教一致」の語は、このように津和野派の天皇祭祀・神道教化政策を導くキイワードとなっていた。神道学者の阪本是丸や武田秀章は、こうした津和野派の方針が個々の政策に反映していく経過を逐一検証している（阪本『明治維新と国学者』、武田『維新期天皇祭祀の研究』）。一八六九（明治二）年の東京奠都も「神武創業」の反復としての意義をもつし、その際の伊勢神宮親拝も歴史上にほとんど前例のない「新儀」として行われたものであり、「天皇親祭」の理念の影響力の強さを物語るものだ。

同じく一八六九年には、神祇官の神殿が設けられ、中央の八神殿、東座の天神地祇と並んで西座に歴代皇霊を祀ることになった。これは神武天皇が祖神に「大孝」を申《の》べた「神武創業」の古《いにしえ》に返るという大国隆正の『神祇官本義』の理念に沿ったものだ。天皇の祖先祭祀が祭祀の根本で国民の祖先祭祀のモデルであるという理念に沿い、忠と孝、そして両者が一致する国体の「教」の確立を目指したものである。この祖先祭祀がやがて神祇官から宮中に移され皇霊殿に祀られるのも(一八七一年)、天皇親祭を重視する津和野派の方針に従ったものだ。武田秀章はこの時期に津和野派が岩倉具視《ともみ》にあてて草したと思われる意見書を検討し、「第一御国体ニ基《もと》ヅキ祭政教一致　天皇御興立《ごこうりゅう》之事」という項に「天皇親《みずか》ラ総裁シ玉《たま》ヒ(中略)政府ト同体ナラシム而《しか》シテ祭教ノ権ヲ専《もは》ラニス」との一節があることを指摘している(「近代天皇祭祀形成過程の一考察」)。

こうした考え方は天皇の聖なる権威を高めながら、中央集権的な政府を樹立していこうとする岩倉具視・大久保利通・木戸孝允ら維新政府の指導者による諸政策と合致したものである。当時の天皇祭祀・神道教化政策として実際的な有効性をもっていたとともに、国家神道形成の長期的な経過から振り返っても、巧みな方策だったと見ることができる。天皇を神道の最高祭主とする政策は国家神道の「祭」の領域の核心をなすものとなるし、国民教化の方針は宣教使・教導職制度を経て、やがて学校での教化という形で有効な政策に結晶していく。津和野派的な意味での「祭政教一致」路線はそのまま明治政府が具体化していく国家神道(とりわけその「教義」的側面)の基本路線につながっていく。むしろ津和野派の祭政教一致路線こそ、後に徐々に具体化していく国家神道のおおよその青写真だったと言ってよいのである。

政治的機能中心の神道論

こうした津和野派の天皇祭祀・神道教化政策を支える考え方の特徴は、政治的な実効性を重んじるところにある。正しく有効な「治」(「政」)を行うという観点から天皇祭祀・神道教化をとらえ、そこに本来的な「祭」「教」の機能を見ようとするのだ。神道思想として見た場合、天皇統治に力点が置かれ、天照大神から今上天皇に至る皇祖皇宗の系譜関係に聖なる権威の主要な源泉を見ようとするところに新しさがある。国学の流れから言えば、天照大神を尊ぶ本居宣長《もとおりのりなが》の思想の政治的側面に近いものがあるが、個々人の霊魂の行方や幽冥界の主宰神(大国主神《おおくにぬしのかみ》)や宇宙の主宰神(天御中主神《あめのみなかぬしのかみ》)に多大の関心を向ける平田篤胤とは相当に隔たっている。篤胤の国学が豪農層を担い手とし、「草莽《そうもう》」の人々、つまりは草の根の連帯を念頭に置いたものだったのに対して、津和野派の政治理念は集権的な政権の中枢で、高級官僚として実行すべき政策を念頭に置いたものだった。

この点で興味深いのは、大国隆正が民衆の神道的な宗教性を民心安定の手段として位置づけ、国家が直接責任を負うべき本来の神道より一段低いものとして類別している点である(桂島宣弘『幕末民衆思想の研究』)。そこではキリスト教を筆頭とする世界の諸宗教(「教法」)の存在が強く意識され、キリスト教に匹敵する高次の体系性を神道の内に築き、国外にも発展し教化していけるようなものにしなければならないという考えが述べられている。長崎にも遊学したことがあり、ある程度、洋学文献にも通じていた大国にふさわしい考え方だろう。

大国は国家が神道を広めるについては、神道の二つの様態を区別した方がよいという。つまり、「聖行神道」と「易行神道」だ。「聖行神道」とは『古事記』や『日本書紀』はもちろん、中国の儒学や道家思想、インドのバラモン教や仏教、さらには西洋のキリスト教や自然科学なども十分に理解した上で、「日本本国之教法ヲ以テ異域ヲモ化導イタシ候程ノ者」、つまりは知力ある有能な者たちに教授すべきものをいう。他方、「易行神道」は「聖行神道」の一部であるが、「弁舌サハヤカニ愚夫愚婦ヲヨクイヒサト」すことを目指し、「平常之諸行篤実ナル者」に教授すべきものだという(『極意存念書』)。この「聖行神道」が皇道にあたるものだ。

平田篤胤には民衆的な神道への親近感があり、それらを自らの神道神学体系内に取り込もうとする傾向があった。これに対して、大国の神道神学は天皇を中心とし、古典を範型とした「聖行神道」の確立を目指したものであり、民衆神道を取り込もうとする方向性はほとんど含まれていない。

4　皇道論から教育勅語へ

政治中心の「教」としての「皇道」

このように後期水戸学と大国派（津和野派）国学との間で「祭政教一致」路線が共有されていたとして、その思想の特徴はどこにあるのだろうか。注目すべきは、ここでの「政」（「治」）は、何よりも天皇の権威によって統合される国家制度の問題として論じられているということである。「祭祀」と「治教」に支えられた天皇の存在により、「祭政教一致」が具体化されてこそ、強い統合力をもった国家が形作られると考えられている。「祭」や「教」を重んじると言っても、宗教や道徳に独自の次元を与えようというのではない。あくまで政治構想からこそ宗教や道徳の意義が示されている。

このような形での「治」「政」の重視は、また国民統合が広範な人々を帰服せしめる「教」によって支えられるという言説重視の考え方とも結びついている。「四海万国」（西洋諸国をそのように捉えた）の脅威と「妖教」（キリスト教を恐れてそうよんだ）の浸透に対抗するには、また、商品経済の浸透や百姓一揆の拡大に対処していくには、共同意識を持ち始めつつある国民に、強力な政治的道徳的言説を広く実効的に及ぼしていくことが緊急の課題であった。

『新論』の影響が強まる一八三〇年代末以降の水戸藩では、藩校、郷校(明治の学校教育の先取り)の機能が急速に拡充し、国体重視・対外対決(尊王攘夷)の急進派のすそ野を広げる働きをするようになる。明治以降の宗教・道徳秩序へと及ぶ制度構想を示したという、後期水戸学のこのような役割は、すでに尾藤正英によって指摘されている(「水戸学の特質」)。尾藤は会沢正志斎の『新論』と藤田東湖の『弘道館記述義』とを「水戸学の完成形態」ととらえ、「前者の中に、明治以後における国家主義政策、とくにその国民教化政策の原型を(中略)、後者の中には、いわゆる国民道徳の原型を」見出すことができると論じている。

尾藤が注目するのは、後期水戸学の思想が「国体」論を軸として展開し、そこにすでに明治期に形成される教育勅語と国民道徳論の基礎があるということである。同じく国体論を奉じていても、水戸学が国学本流と大いに異なるのは、天皇を中心とする政治制度の具体論へと論点が集約されている点にある。尾藤は取り上げていないが、大国隆正らの津和野派は国学の中から同様の政治主義の立場へと進んでいき、維新後の皇道論的政策、祭政教一致政策の立案、実施に貢献することとなったのだ。

長谷川昭道と皇道・皇学の興隆

津和野国学系の人々とともに、維新直後の「皇道」論的な政策立案に学校教育の方面から深く関与した人物に、未完の大著、『皇道述義』の著者、長谷川昭道《しょうどう》(一八一五—九七)がいる。幕府と深い関わりがあった松代藩(真田藩)

の重臣であった昭道は、熊沢蕃山《ばんざん》や水戸学（とりわけ藤田東湖）の影響を受けたが、水戸の弘道館が孔子を祀っていることに批判的で「学校祀神説」を説いていた（飯島忠夫「長谷川昭道と其の学説」、沖田行司『日本近代教育の思想史研究』）。

他方、昭道は同藩の佐久間象山《しょうざん》（一八一一―六四）に学んで洋学の導入の必要に理解を示し、国学者の偏狭な排他性を批判してもいた。『九経談総論評説』は、儒学者の太田錦城《きんじょう》（一七六五―一八二五）の『九経談』「総論」の儒学史の叙述を批判するという形で、皇道の立場から儒学を批判したものだが、そこには次のような一節がある。

「儒・仏・老荘・諸子・百家・蘭学・洋学各々国ヲ異ニシ、世ヲ異ニ」する。つまり、さまざまな道や教え、あるいは宗教（「教法」）があるが、大きな視野に立ってこれらを見通せば、「皆是レ神皇道中ノ一物」である。これらを一律に排斥するようなことはあってはならない。「亦儒者・仏者・諸子・百家ノ流、蘭学・洋学ノ徒モ、亦皆吾ガ神皇ノ赤子ニアラザルハ」ない。だから、彼らを一様に憎むようなことがあってはならない（信濃教育会編『長谷川昭道全集』上巻、沖田行司『日本近代教育の思想史研究』）。

皇道論には国学と儒学（神道と儒教）の対立を超え、国体論に基づく天皇崇敬を基軸としてそれらを統合するという包容主義的な性格があった。その教育論、学校論は、同じく教育に強い関心をもった同時代の国学者、矢野玄道《はるみち》のように、復古神道的な理念に基づく国学主体の教育を目指すものではなかった（阪本是丸『明治維新と国学者』第六章）。長谷川昭道においては、儒学、国学、さらに洋学も含め、どんな立場からの学知であろうと、皇道と皇学の枠に包含できるものと考えられている。

このような皇道・皇学構想の下、昭道は一八六八（慶応四）年七月に長編の建白書を草し岩倉具視に提出した。岩倉は同年四月以来、大学校を起こすべくその構想案を検討していたが、偏狭な国学者の案に対して、昭道の案が現実的であると見て、同年八月新政府の学校掛の任を課すことにした。まず、京都に漢学所と皇学所が開講されるが、皇学院が諸学問を統括するという昭道の構想は実現せず、昭道は藩の事情もあって地元へ帰ることになる。漢学所と皇学所も一八六九（明治二）年九月、東京での大学校創設（医学校、昌平学校、開成学校）に伴い閉校になった。その後、「皇学」の理念は後退していき、近代的な学校制度の導入を決定づける一八七二年の「学制」を経て、「皇学」的な視点は次第にその位置を低下させていく。

皇道・皇学構想の普及

しかし、皇道論を新政府の指導理念とし、学校教育において実現するという昭道の願いは、異なる形で実現していくことになる。この章の第2節（一〇八―一一一ページ）で示したように、明治初期の宗教・教化政策の根幹となり、国家神道の理念の基軸を作った文書に「大教宣布の詔」やそれに先立つ「皇道興隆の御下問」がある。これらの文書は、長谷川昭道が起草したものとされる。昭道は一八六九年四月、「五箇条の誓文」

には国の大本が記されていないとして、国家の根本を定めるための詔勅が必要であることを訴え、岩倉具視や大久保利通と会見して自らその草稿を提出したという(飯島忠夫「長谷川昭道と其の学説」四八ページ)。

皇道の理念が、明治維新後にどれほどの影響をもったかについては、「皇学」の語の地方での普及という点から見ていくことができよう。皇学を教科に掲げる藩校の例は、早く一七九九(寛政一一)年に会津藩の日新館に見られ、一八一六(文化一三)年には鶴岡藩の致道館があるが、維新前後に急速に増大し、牟禮仁《むれひとし》の調査では一八七二年の学制頒布までに四二例を数えるという(「藩校と皇学」)。西洋から輸入された近代学校システムにとってかわられるまで、皇学の語が国体思想に基づく国家の教育理念の具現化のための学科として高く掲げられる傾向がゆきわたっていた。後に教育勅語や修身科によって果たされることになる機能の多くは、この時期までこの皇学教育に託されていたと見ることができよう。やがて伊勢の皇學館がこの語を引き継ぐことになる(第四章第3節)。

長谷川昭道や大国隆正に見られる天皇崇敬による国家統合の考え方は、国家的次元での一元的な精神秩序と、包容される多様な宗教・思想体系を二重構造の下に捉えようとするものである。これは明治維新後の宗教・思想体制において、諸宗教や諸思想が天皇の祭祀や道徳的教えの下部に包摂されるようなものとして位置づけられるようになったことと符節を合わせている。

その後の経過については、第一章で見たとおりである。

一八七二年から七五年にかけて、三条の教則を掲げて諸宗教に天皇崇敬の教えを説くことを意図した教部省や大教院の体制は、皇道の理念にそった二重構造をもっている。また、八二年に神職と教導職の兼任が排除され、八四年に神仏教導職が全廃されることによって、国家の祭祀としての神社神道が諸宗教を超越した地位に置かれることになるが、これも同様の二重構造を反映している。さらに、九〇年に教育勅語が渙発され、「皇祖皇宗ノ遺訓」に基づく教えが「国体ノ精華」であり、全国民の従うべき「教学」の規範として下されたのも、同じ「皇道」論的な二重構造に基づくものと言える。

学校教育における「皇道」

そもそも教育勅語は皇道論の系譜と関わりが深い。確かに長谷川昭道が構想した「皇学」の理念はとりあえず具体化しなかった。一八七二年の「学制」の公布以降、西洋流の学問教育体系の導入に多大なエネルギーが投入される一方、教育の場における「皇道」の理念は後退していった。しかし、この間に「皇道」や「国体」や「祭政教一致」の理念がすっかり駆逐されてしまったわけではなかった。神祇官から教部省に至る宗教者による教化の構想が紆余曲折を経る一方、新たに導入された近代学校システムにそうした理念をどう盛り込めばよいのか模索する時期がしばらく続いた。

「学制」の下での教育については、洋学ばかりを重んじているのではないかという非難が絶えなかった。それに対して、文部省は「是洋学ニアラズ即我ガ日本国学ナリ」(『文部省雑誌』第一号、一八七四年、一〇ページ)とこたえている。また、「皇学」的な面がまったく排除されたわけでもなかった。一八七三年の小学教則では、修身口授と並んで国体学口授を課している。七四年に刊行された国体学の教科書には、太田秀敬『国体訓蒙』、石村貞一『訂正国体大意』、小早川惟克『国体略』などがあるが、これらは採用されたとしても、新たに始められた学校教育のうちではごく小さな位置を占めるものでしかなかった(山住正己『教育勅語』、稲田正次『教育勅語成立過程の研究』)。

この時期、政府は国民教化は「大教宣布の詔」にのっとり、宗教集団を通して行うものと考えていた。西洋の制度を導入した学校教育の場で、皇道論や国体論に基づく教育を積極的に押し進めていこうという発想はまだ弱かった。しかし、第一章で見てきたように、一八七〇年代の半ばから八〇年代にかけて、宗教集団を通しての「大教宣布」の戦略が行き詰まりを見せるようになる。ちょうどそれと符節を合わせるかのように、学校教育において、天皇中心の「教」、天皇の「教」に従う道徳を取り入れなくてはならないという声が高まってくる。

聖旨教学大旨から教育勅語へ

一八七九年、明治天皇による文書として「聖旨教学大旨」(「教学聖旨」ともいう)が示された。これは現行の教育のあり方に疑問をもった天皇の意志によるものという形をとっている。しかし、当時、明治天皇は二〇歳代後半で

明治天皇に進講する元田永孚
（聖徳記念館絵画館蔵）

あり、この文書は実質的には天皇の侍講の地位にあった儒学者、元田《もとだ》永孚《ながざね》（一八一八―九一）と明治天皇の共同意志によるものであり、起草者は元田と見るべきだろう。この文書の主旨は洋学中心の教育を改めて、「仁義忠孝」を尊び、「我祖《わがそ》訓《くん》国典ノ大旨、上下一般ノ教ト」することだ。すなわち、当時の学校教育が「仁義忠孝ヲ後ニシ、徒《いたずら》ニ洋風是競《これきそ》フニ於テハ、将来ノ恐ル、所、終ニ君臣父子ノ大義ヲ知ラザルニ至ランモ測ル可カラズ」と批判し、それに「我邦教学ノ本意」を対置するのだ。

聖旨教学大旨は、皇道論や国体論をそのまま学校で教えることを促してはいない。しかし、天皇自身が教育の根源的価値を教えるという理念を示し、学校を通して聖なる天皇の「教」を大々的に広めるというまったく新たな展望を切り開くことになった。明治新政府は「祭政教一致」の「教」（「治教」）をどのように具体化するか、方途を見失っていたのだが、天皇自身、また天皇周辺からその行き詰まりを打開する道が開けてきた。だが、そもそも明治天皇の側近として国体論・皇道論の立場に立つ元田永孚や高崎正風《まさかぜ》らの「侍講」や「侍補」がつきそい、天皇に進講するという体制が作られていた(一八七五—七八年)からこそ、こうした展開が可能になったのだ(海後《かいご》宗臣《ときおみ》『教育勅語成立史の研究』、稲田正次『教育勅語成立過程の研究』)。

一八七九年の聖旨教学大旨から九〇年の教育勅語への展開は、多くの研究がなされており、たいへん複雑であるが、大筋としては、元田らが「国教」を根幹とすべきことを主張したのに対し、伊藤博文や井上毅《こわし》が「国教」のような特定の精神伝統の立場を掲げるものであってはならないとして、両者の間で綱引きがなされたと要約してよいだろう。しかし、伊藤や井上も天皇崇敬を柱とする祭政教一致の国家理念を否定しようとしたわけではない。

教育勅語の成立によって、学校では天皇による聖なる「教」が絶大な威力を発揮することになった。そうした帰結と見比べるとき、少数の関与者のやりとりを通して進行したその成立経緯は、必然性を欠いた歴史の気まぐれのような印象を与える。しかし、巨視的に見れば、元田と明治天皇を動かしていった力は、明治維新の枠組そのものが準備したものである。すなわち皇道論や「祭政教一致」の建前が掲げられ、それに従って制度構築が進められ教育勅語に結晶したのだ。

祭政教一致理念と教育勅語

実際、教育勅語は少なくとも何ほどか「祭政教一致」の理念に導かれて形成されていったものである。この点を確認するために、元田永孚の「教育議附議」

（一八七九年）を参照してみよう。これは「国教」を掲げるというような立場性は適当ではないとした伊藤博文の「教育議」（元田は「原議」とよんでいる）に対する反論である。

「原議」は古今の諸説を折衷し、さまざまな経典を斟酌《しんしゃく》して、新たに一つの国教を建立し、世に広めるなどということは凡人がすべきことではない、「賢哲其人」が現れるのを待つしかないのだ、という。だが、そもそも「其人」とは誰のことを指すのか。「聖上陛下、君と為り師と為るの御天職」ではないか。さらに内閣もついている。「此時を置て将に何の時を待たんとす」。また、国教といってもまったく新たに作るべきものではない。「祖訓を敬承して之を闡明する」だけなのだから、さほどの困難はない。

伊藤が「賢哲」というとき、教祖や聖人のような存在を前提にしている。これに対して、元田は「聖上陛下」が「師と為るの御天職」をもつという。これは「治教」の理念に従ったものである。ヨーロッパのことに詳しくはないが、「其帝王宰相以下人民に至り、皆其宗教に基づかざる者は無きなり」。わが国でも瓊瓊杵尊以降、仏教をとり入れた欽明天皇以前の時代に、すでに「天祖を敬するの誠心凝結し」ていた。さらに儒教をも学んで、「祭政教学一致」の体制が成り立っていた。このことは、その後の歴史にも多くの証拠がある。だとすれば、「今日の国教他なし、亦其古《いにしえ》に復せん而巳《のみ》」という。

元田は新たに「教」の原理を求めるのではなく、古来の「道」に従わなくてはならず、それこそ「国体」の道であり、「皇道」だという。これは大国隆正や長谷川昭道の包容的な皇道の考え方とは少々異なり、積極的な対外摂取というより伝統主義の色彩が濃いが、十分に通じ合うものだ。

元田の考えがそのまま教育勅語に実現し、その後の近代日本の宗教構造の主調を決定したと言いたいのではない。「教育議附議」は伊藤博文の「原議」(「教育議」)への反論として書かれたものだが、その後の教育勅語の制定の段階では西洋先進諸国に伍することを重視する井上毅が頑強な抵抗者として登場する。伊藤や井上のように政体に宗教的な一体性をもちこむことを限定しようとする、現実主義的な政治家の意志との妥協のなかで、教育勅語は成立する。儒教色が濃い元田のやや狭量な伝統主義に対して、より柔軟な方向を目指すことによって、教育勅語はいっそう皇道主義に近づいた。そのような形で、祭政教一致や「治教」の理念が具体化することとなった。

国家神道の祭祀体系と「教え」

この章では、国家神道がどのように形成されてきたかについて、祭祀体系と「教え」の両面から述べてきた。国家神道は天皇や皇祖皇宗、またそれらに連なる神々への崇敬として、江戸時代末期に構想され、明治維新後、次第に具体化されていった。伊勢神宮と宮中三殿を頂点として全国の神社を一元的に統合し組織化する変革が進み、国家神道の一大祭祀組織ができあがっていった。そこでは神社神道が一定の役割を果たしたが、むしろ新しい祭祀の創造という点では皇室祭祀が導き手だった。新たな皇室祭祀システムの創出に伊勢神宮改革が連動し、続いて新設の国家的神社を初めとする官国幣社や府県社がそれに従い、さらに神社合祀政策や次章で述べるような神職養成組織の形成が伴って、統一的な国家神道の祭祀体系が形成されていったのだった。

祭祀体系は国家神道のいわば容れ物であるが、国家神道の「教え」、すなわちメンタルな内容の方は、祭政一致、ひいては祭政教一致の理念の具体化によって進められていった。この理念は水戸学の会沢正志斎や津和野国学の大国隆正によって「天皇の祭祀」を中核とする国家構想として提示されたが、その思想的枠組は急速に広められた「皇道」の語によって整えられた。皇道は国体論の系譜を引くが、従来の国学や儒学のように国家次元の政治から個人の生き方までを貫く思想体系としてではなく、天皇崇敬を核とする統治の理念というところに焦点を合わせ、儒教、仏教、神道、キリスト教、西洋思想などを包含できるようなものとして考えられた。

この皇道理念は、宗教政策の方面では、三条の教則を掲げる教部省の大教院体制に具体化されたが、「教え」の流布という点では大きな成果を生むことなく、「宗教」と「祭祀」の分離という制度的帰結を生んで収束していった。これに対して、皇道理念の普及に尽力した長谷川昭道らの構想では、皇道は学校教育において実現すべきものだった。しかし、西洋の学校システムをそのまま輸入することに忙しい状況の中で、皇道にあたるものがどのような位置を占めるのか見えない時期が続いた。新たな展開は、明治天皇と侍講、元田永孚による「聖旨教学大旨」（一八七九年）によって切り拓かれ、「教育勅語」（一八九〇年）へと結実する。

国家神道の祭祀体系の形成と「教育勅語」に至る「教え」の形成は、いちおう別個の過程をたどっている。しかし、それらはどちらも天皇崇敬と祭政一致・祭政教一致の理念に基づいたものである。その導きの糸となる天皇の言葉は、皇道論者が起草した一八七〇年の「大教宣布の詔」によって示されていた。そこでは「天皇の祭祀」と「皇道」「治教」とが一体のものと考えられ、新たな国家の根本原則と見なされている。その意味で「大教宣布の詔」は、天皇自身が示した国家神道のグランドデザインを示す文書となったと見ることができる。

第四章
国家神道はどのように広められたか？
── 教育勅語以後 ──

1　国家神道の歴史像

村上重良による時期区分

国家神道はどのように広められたのか。その展開史はこれまでどのように描き出されてきたか。この章ではこの問題について述べていきたい。今なお参照されることが多い村上重良の『国家神道』は、国家神道の歩みを「形成期」「教義的完成期」「制度的完成期」「ファシズム的国教期」の四期に区分している（七八―八〇ページ）。

第一期「形成期」――明治維新（一八六八年）―明治二〇年代初頭（一八八〇年代末）

第二期「教義的完成期」――帝国憲法発布（一八八九年）―日露戦争（一九〇五年）

第三期「制度的完成期」――明治三〇年代末（一九〇〇年代後半）―昭和初期（一九三〇年代初頭）

第四期「ファシズム的国教期」――満州事変（一九三一年）―太平洋戦争敗戦（一九四五年）

四つの時期は世界史や日本史の時期区分を参照し、政治体制や神社制度や国体思想の影響力の変化に関わる諸事象を踏まえて示されており、おおよそ妥当なように見える。しかし、各時期の特徴づけには理解しにくいところが多い。その主な理由は次の二点である。

（1）国家神道をまずは神社神道という宗教集団に関わること、また、宗教制度(宗教集団の政治的位置づけ)に関わることと捉えるとともに、他方で宗教集団とは別の「皇室神道」や「国体の教義」に関わることと理解しており、それらの関係が明らかにされていない。
（2）国家神道をもっぱら政府が国民に強制したものと捉えていて、国民こそが国家神道の担い手だったという側面についてあまりふれられていない。「国家神道」は国家だけではなく、さまざまな層の国民も担い手となって、それを支えもり立てていった側面があるが、村上はそうした側面にあまりふれようとしない。「皇室神道」や「国体の教義」が国民生活とどのように関わっていたのかが明確にされていないので、時期区分の意義も分かりにくいものになっている。

村上の国家神道理解では、国家に支えられた神社や神職層が国体の教義や軍国主義・侵略主義の主たる担い手だったかのように見えてしまう。また、その影響力についても大きく見積もられすぎている。

神道学者の国家神道史像

こうした見方に激しく反発して、異なる国家神道像、国家神道の歴史像を描き出そうとしたのが、葦津珍彦、阪本是丸、新田均ら第二次世界大戦後の、また現在も活発に発言を続けている神社神道系の学者たちである。彼らは神社神道と国体論を掲げる軍国主義・全体主義のイデオローグとは必ずしも一致しなかったとし、神社神道と国体論や天皇崇敬に基づく実践体系とを分けた上で、神社神道＝国家神道がさほど優遇されていなかった時期のこと、またそうしたことを示す出来事の意義を強調する。

綿密な近代神道史研究を積み重ねてきた阪本是丸によると、国家神道の歴史はもっと短いものになり、イデオロギー的側面も備えた十全な意味での「国家神道体制」はわずか数年だけ存在したということになる。阪本によると、国家神道（体制）の成立は一九〇〇（明治三三）年に内務省に神社局が設けられ、それまでの社寺局が宗教局となった時となる。事実、制度上の用語としての「国家神道」も、この行政枠組を前提として用いられるようになった。だが、神社局が設けられたとはいえ、国家機関となった神社に対する財政的支えはなお薄いものであり、神社の地位を高めるためにより高い地位の官庁として神祇官（「特別官衙」）を設立するように求める神社界や地域社会からの運動が起こる。これが具体化するのは、一九四〇（昭和一五）年一一月に神祇院が設立されるのを待たなければならなかった（阪本「国家神道体制の成立と展開」）。

この神祇院の官制第一条には、神祇院が担当すべき職掌として、「敬神思想ノ普及ニ関スル事項」とある。国家機関としての神社神道は、それまで国家次元での思想・イデオロギーにはタッチしてこなかった。神祇院が設立されたこのとき、「純然たる機構・制度としての「国家神道」にはじめてイデオロギー・思想が付加され、いわゆる神道指令の内容に見られる「国家神道」の理解が可能」な事態が現出したことになる。とはいえ、その神祇院さえもたいへん貧弱な体制だった、阪本はこう論じている。

阪本によれば、国家神道の歴史は一九〇〇年から数えれば四五年であるが、その大半はイデオロギーや思想内容には関与しない弱体なものだった。「祭祀の執行と神社の維持以外は何もできなかった神社局・神祇院の官僚と神官・神職。これが制度としての国家神道の本姿であった」(同前、一九五ページ)。「神祇院官僚および神官・神職からただの一人も公職追放者がでなかったという事実こそ、いかに制度としての国家神道が「超国家主義」「侵略主義」「軍国主義」等の様々なイデオロギーと縁の薄いものであったかの証明であろう」(同前)ということになる。

神社神道中心の国家神道史観

第二章でも述べたように、葦津、阪本、新田らは国家神道という語を使うのなら、国家制度のなかに位置づけられた神社神道という堅固な制度史的概念に基づいて用いるべきだという。阪本の場合は葦津、新田と異なり、国家神道のイデオロギー的側面も考えなければならないとしているが、とりあえずは「制度としての国家神道」の綿密な研究を尊ぶべきだという。そして制度史に力点をおいて考えていくと、イデオロギーをも含んだ国家神道の歴史はわずか数年ということになってしまう。

こうした考え方は、神社神道こそが国家神道の主要な担い手であるという考えに基づいている。これは地域社会の神社の神職たちが主要な担い手である戦後の神社神道の、教学者的な立場からの歴史像としては理解できるところがある。神道の本流は神職と氏子からなる地域神社にこそあり、国家と密接な関係にあった近代神道の歴史は、何よりもまず神社神道の歴史として考察すべきだという考えがその前提となっている。だが、この考え方に立つと、国家神道の歴史はたいへん小さなものとなってしまう。

皇室祭祀・天皇崇敬・皇道論に力点を移して

「国家神道とは何か」の理解が混乱すれば(第一章)、国家神道の歴史像が不明確になるのは当然だろう。これは国家神道の成立史についてもそうだが(第三章)、その展開史についてもそうだ。国家神道成立以後の歴史を的確に捉えるためには、皇室祭祀や天皇崇敬の側面を軽視し、神社神道に偏った国家神道の理解をあらためなくてはならない。

神社が神社神道として組織化されていくのは、国家神道の形成・確立のきわめて重要な局面をなしている。しかし、国家神道すなわち天皇崇敬や皇道・国体の理念を中核とした神道は、皇室祭祀や皇室神道の形成とその国民生活との関連づけ、あるいは天皇崇敬や国体理念の形成と普及という観点からも見ていく必要がある。神祇(日本の土地と結びついた神々)に関わる従来の諸信仰文化が組み立て直される過程で、明治維新以降に形成されていく神社神道は、この意味での国家神道のきわめて重要な構成要素である。しかし、神社神道だけが国家神道を代表するわけではない。

このような意味での国家神道は、明治維新の初期から具体化を始めていたが、当初から全体の実現形態が見えていたわけではなく、全体像はまずはグランドデザインとして、つまり目指す理想国家のおおよそのビジョンとして存在していた(第三章)。明治政府は近代国家を形成していくとともに、国家神道のグランドデザインがさまざまな制度局面に具体化されるような舵取りを課せられたと言える。しかし、当初構想された国家神道のビジョンと、次第に学習・習得されていった近代国家のあり方との間には齟齬を来すことがあり、さまざまな紆余曲折を経つつ諸制度が定められ(第一章)、広く国民の間に国家神道の観念と実践が根づいていく。国家神道の歴史はそのような観点から時期区分をなされるべきである。

新たな時期区分の提示

時期区分の年代については、村上重良が第二期から第三期への移行を一九〇五年の日露戦争終結時で区切ったのに対して、私は大逆事件と明治天皇の死によって特徴づけられる一九一〇年頃で区切るのがよいと考える。他の区切り目は、ほぼ村上のそれを継承してよい。しかし、それぞれの時期の呼び名や特徴づけは大幅に異なってくる。

第一期(一八六八年―一八九〇年頃)を国家神道の「形成期」とよぶのはよいとして、第二期と第三期と第四期の呼称はいずれも根拠が乏しい。私は第二期(一八九〇年頃―一九一〇年頃)を「確立期」、第三期(一九一〇年頃―一九三一年)を「浸透期」、第四期(一九三一年―一九四五年)を

「ファシズム期」とよんではどうかと提案したい。

第一期については、第一章、第三章でおおよそ説明してきた。この章では、第三期、第四期を展望に入れながら、とくに第二期について詳しく見ていくことにしたい。適切な国家神道の歴史像を得るには、この確立期が要となると考えるからである。

第二期を「確立期」というのは、この時期に(1)聖なる天皇と皇室の崇敬に関わる儀礼システムが確立していくこと、(2)神話的表象に基づく国体思想が生活空間に根づくような形に整えられ、その教育・普及システムが確立していくこと、(3)神職の養成システムと神職の連携組織が確立し、国家神道の有力な構成要素である神社神道がその内実を固めていくことに注目しているからである。

こうした変化が起こることによって国家神道は国民自身の思想と実践の中に組み込まれていく。いわば国民の心とからだの一部となる。そして次第に国家神道を強化していくことを求める声が、国民各層からわきおこってくるような基盤が作られていく。これに後押しされて、第三期「浸透期」になると下からの運動が強まり、政府も国家指導層も国家神道の強化の方向で社会的緊張を克服し、より強固な国民統合を達成しようとする道を選ばざるをえなくなる。

以下、日本列島に住むさまざまな人々の生活形式の変化を想定し、国家神道がその精神的局面にどう関わっているか、具体的な資料を通して垣間見ていくことにする。生活形式の変化を叙述するには、社会学や文化人類学や歴史学（とりわけ、民衆史・社会史・女性史）や民俗学が試みてきたように、さまざまな視角からの取り組みが可能だし必要だが、宗教や精神生活の観点からの検討は不可欠である。以下に試みる国家神道の歴史の素描は、宗教や精神生活の側面から生活形式の歴史を叙述すること（これが私が目指すところの宗教史だ）の意義を例示することにもなればよいと考えている。

2　天皇・皇室崇敬の国民への浸透

学校行事の中の天皇・皇室崇敬

まず、天皇と皇室の崇敬に関わる儀礼システムだが、学校行事がその典型である。山本信良と今野敏彦はこれを「天皇制のマツリ」とよんで、すぐれた研究成果をあげている。それによると、天皇崇敬の学校行事は一八八〇年代の末から整備が進んでいき、一八九一(明治二四)年に「小学校に於ける祝日大祭日の儀式に関する規程」が発布されて画一化が進む。その第一条は次のようなものである(山本・今野『近代教育の天皇制イデオロギー』八一ページ)。

紀元節、天長節、元始祭、神嘗祭《かんなめさい》及新嘗祭《にいなめさい》ノ日ニ於テハ学校長、教員及生徒一同式場ニ参集シテ左ノ儀式ヲ行フベシ

一　学校長教員及生徒／天皇陛下及／皇后陛下ノ御影ニ対シ奉リ最敬礼ヲ行ヒ且／両陛下ノ万歳ヲ奉祝ス

第一項だけ引いたが、続いて、校長が勅語の「聖意」に沿った訓話をし、祝祭日の由来を説明して「忠君愛国ノ志気ヲ涵養」し、最後に唱歌を歌うことが示されている。祝祭日は皇居で

皇室神道の重要な神事が行われる日である。これにあわせ、たとえば、天長節ならば、次のように唱歌を歌う。

「天長節」

今日の吉き日は大君の。うまれたまひし吉き日なり。今日の吉き日は御ひかりの。さし出たまひし吉き日なり。ひかり遍《あま》ねき君が代を。いはへ諸人もろともに。めぐみ遍ねき君が代を。いはへ諸人もろともに。（黒川真頼作歌、奥好義作曲）

1890 年 10 月 30 日，教育勅語発布当日の東京・湯島小学校（毎日新聞社提供）

このような儀礼を行うためには、御真影、教育勅語、君が代、唱歌がそろっていなくてはならないが、これはいずれも当時にあってはきわめて新しいものである。御真影が下賜され始めたのは一八八二年頃からで、全国の府県立の学校に下付されるようになったのは八八年頃から、ほぼすべての尋常小学校に行き渡るようになったのは九〇年代の末である。

「教育勅語」は一八九〇年一〇月二三日に渙発され、全国の学校で拝受式・奉読式が行われた。一〇月三〇日が勅語公布の記念日とされ、明治末年までその日には奉読式が行われていた。「君が代」は七八年に初めて演奏されたが、国歌として歌われるようになるのは、八八年以来である。同時期に儀式の際、祝日に関わる唱歌を歌うことも勧められる。

御真影と教育勅語は神聖なものとされ、次第にその取り扱いが厳重になっていく。一八九〇年代以降、各県で「御影並勅語謄本奉蔵規程」といった規則が作られ、奉安殿(奉安庫)は神聖な場所となり、それを守るために当宿直員が配置されるような県も増えてくる。火事などの際、生命をかけて守るべきものと観念されるようにもなる。

旅行・戦争・朝拝など

第二期から第三期にかけて強化されていく学校行事のなかの天皇・皇室崇敬や国家神道的な側面について、以下、山本信良・今野敏彦による『近代教育の天皇制イデオロギー』『大正・昭和教育の天皇制イデオロギーI』に引かれている資料から例示しておこう。第三期の例をあげるのは、第二期に進められたことの意義がそこにわかりやすく示されているからである。

(a) 神社参拝・修学旅行・参宮旅行

一九二八(昭和三)年の栃木県の小学校の規程には次のようなものがあった。

第六節　神社参拝／1、祈年祭《きねんさい》新嘗祭例祭等には規定の通り氏神に参拝せしめ敬神崇祖の念を養ふ。2、四月入学の際尋常科入学生と共に高等科の入学生も一同拝察《ママ》せしめ入学を報告し勉学を誓ひ安泰を祈らしむ。／3、三月卒業式の日一同を引率し卒業を報告し感謝の念を表す。／其の他臨時に参拝し至誠観念を養ふ資とす（山本・今野『大正・昭和教育の天皇制イデオロギーⅠ』二八五ページ）

(b) 戦争に関する儀礼――必勝祈願、靖国神社臨時大祭、地域の招魂祭等(例は略す)

(c) 御大葬・御大典・御成婚等皇室行事への参与(例は略す)

(d) 朝拝・朝礼・遥拝

一九一八(大正七)年の徳島県撫養《むや》小学校の校規の「朝拝」の規程から冒頭部分を引く。

朝拝／尊皇報国の精神涵養と実行のために行う。／男子は毎週月曜日、女子は毎週木曜日、御影奉置所前の廊下に整列し、御影に対して最敬礼をして皇室の御盛運を祈り、各自携帯の『身のまもり』によって勅語又は詔書を奉読しその御趣旨に副《そ》うよう自覚させる。（同前、三四七ページ）

(e) 皇室の歓送迎・行幸啓行事

「行幸啓」とは天皇や皇后・皇太后・皇太子が特定の地方や場所を訪問することを指す。天皇や皇族が庶民に親しく接する機会でもあったが、時期をおって性格は変化し、皇室尊崇が強化されていく(原武史『可視化された帝国』)。以下の例は、広島県が編纂した「御親閲感激録」(一九三〇年)によるものである。

学生生徒等御親閲の光栄　昭和五年十一月三備平野に於て陸軍特別大演習を御統監遊ばされたる天皇陛下には畏くも広島、岡山、山口三県下学生生徒、在郷軍人、男女青年団員等の代表者に対し、御親閲の光栄を賜った。此の盛儀に参加の栄誉を担ひたるもの三県を通じて凡《およ》そ五万人、内広島県より男子九千百二十人、女子三千六百二十人、合計一万二千七百四十人であった。／男子の分列、女子の奉唱何《いず》れも赤心忠誠の発露で其の意気と、敬虔なる態度とは真に涙なき能《あた》はざる情景で、聖慮の深遠皇恩の無窮洵《まこと》に恐懼感激の極みであった。此の光栄に浴したる左記の人々は御親閲拝受感想文を提出した。(同前、一二八ページ)

この最後の例が示すように、学校行事が関わる天皇崇敬儀礼や国家儀礼はしばしば地域社会の住民全体に関わりをもつものであった。

靖国神社の儀礼空間

だが、神道的な側面が顕著な国家儀礼として特別大きな宗教的意義をもったのは、靖国神社のそれだろう。靖国神社は幕末の尊皇運動での「殉難志士」を弔うための招魂祭や楠木正成《くすのきまさしげ》を祀る楠公《なんこう》社の建設運動から発展して形成されたものである。

招魂祭は天皇のために戦って死んだ者を神道式で慰霊するもので、一八六四年には下関に招魂場ができていた。やがて新政府が樹立されると、長州・薩摩をはじめ各地に多くの招魂社・招魂場が建てられ、六八年には京都東山に招魂社が建てられた。東京に移った新政府は、六九年、兵部大輔であった大村益次郎らの意向にそい、東京の九段に招魂社を設け、戊辰戦争の死者を慰霊する大規模な招魂祭を行った。

招魂社には明治天皇から社領として壱万石が下賜されたが、当時、この処遇は伊勢神宮に次ぐものといわれたという(村上重良『慰霊と招魂』)。以後、東京招魂社は政府軍の公的慰霊施設への歩みを進め、一八七二年には陸軍省、海軍省の共同所管の施設となった。七七年の西南戦争では六九七一人の戦死者が祀られることとなったが、これを契機に東京招魂社の神社化が行われ、七九年、靖国神社と改称し、別格官幣社となった。

靖国神社の地位は、対外戦争を経て格段に高まっていく。日清戦争の戦没者は、約一万四〇〇〇名でその大半は戦病死者だったが、一八九五年と九八年の合祀(一八九八年は戦病死者の特別合祀)のための臨時大祭には天皇が「親拝」した。日露戦争の八万八〇〇〇名を超える戦没者に対しては、一九〇五年五月と〇六年五月の二度にわたって臨時大祭と「親拝」が行われ、陸軍海軍それぞれの参加部隊による凱旋観兵式、凱旋観艦式後の公式参拝も行われた。この公式参拝の日が後に靖国神社の春秋の例大祭日となる。戦死者の合祀は国家と天皇のためにいのちを捧げた兵士に報いるための慰霊・招魂祭であり、御大葬(天皇の葬儀)と並んで国家神道のもっとも厳粛な儀礼だった。

国家神道は仏教やキリスト教や天理教のような救済宗教と異なり、個人の運命に関わり死後の救いを約束したり、苦悩する個々人の魂に訴えかけるというような実存的深みの次元はさほどもっていない。国家神道と諸宗教との二重構造ということの中には、救済や死後の生、あるいは苦悩からの解放といった実存的な問題は私的な領域に本領がある諸宗教に任せ、国家神道は公的な秩序の領域を司るというような分業的な意味合いもあった。ところが若くして死んでいく兵士の運命に関わる靖国神社の場合は、避けがたく実存的な苦悩や癒し・慰めの次元が入り込まざるをえない。人々の心の奥深い部分をも揺り動かす力をもっているという点で、靖国神社は国家神道の中で特別の重みをもつ施設となった。

靖国神社の国家神道教育

靖国神社のそうした性格を示す資料として、『尋常小学修身書 第四』(一九二〇年版、四年生用)の「第三 靖国神社」をみよう。「君のため国のためにつくした人々をかやうに社にまつり、又ていねいなお祭をするのは天皇陛下のおぼしめしによるのでございます。わたくしどもは陛下の御めぐみの深いことを思ひ、こゝにまつつてある人々にならつて、君のため国のためにつくさなければなりません」と説かれている。

靖国神社への小学生の団体参拝は多かったが、一九三五年当時、小学校低学年用の指導書には、次のような「説話要項」が掲載されていた（山本・今野『大正・昭和教育の天皇制イデオロギーⅠ』三二二ページ）。

説話要項／参拝の前／神社の名、いはれ、場所　皆さんは靖国神社をご存知でせう。よく招魂社とも申しますね、前におまゐりしたことがありますでせう。（中略）／今までに日本は度々よその国と戦争をしましたが、その度毎に敵と一生懸命戦って、天皇陛下に忠義をつくし、お国のためになくなった方が沢山あります。この陸軍海軍の兵隊さんを神様におまつりしたお社なのです。／（中略）お祭の度毎に勅使といって天皇皇后両陛下のお使がわざ〳〵きっとおまゐりになりますし、両陛下がご自身でおまゐり遊ばす時もあります。（中略）／お国のためになくなった方々をおまつりするのですから、私達も是非おまゐりしなければいけませんね。（『児童教育』第二九巻第一一号）

実存的深みに届く靖国神社

靖国神社がもつ実存的な深みは、以下のような一九四〇年の小学生の作文に見て取ることができる。これは父が戦死した子供に、参列した際の感想を文章にまとめさせたものである（山本・今野『大正・昭和教育の天皇制イデオロギーⅠ』二二ページ）。

靖国神社参拝　富士見尋常小学校六学年　小林武（故陸軍歩兵少佐小林驥一郎次男）／草木の芽のもえ出ずる三月の末はなつかしい父との対面であった。（中略）先づ、宮城を遥拝《ようはい》して日比谷公会堂へ行った。公会堂ではかしこくも皇后陛下より御菓子の伝達式が行はせられた。(中略)／桜咲く九段の靖国神社の前にちかづいた時はただうれしいと思ふ心で胸一ぱいであった。／対面前は手を清め、口をすすぎ、全身を新にした。父はしやう殿(正殿――島薗注)の奥深くより僕の大きくなったことや元気で対面に来たことを見てどんなに喜んだことでせう。僕は眼を閉じた。そして「お父さんは御国の為に尽したりっぱな人です。僕は先づお母さんに孝行をし、早く大きくなって御国の為につくしますから安心して下さい」と誓った。(川崎教育史編集委員会『川崎教育史』上巻、同市教育研究所、一九五八年)

青森県から靖国神社に参拝する戦争遺児
(1942年10月．毎日新聞社提供)

「教育勅語」が下され、国家神道的な学校行事が全国に普及し始める一八九〇年前後から、この作文が書かれるまでに五〇年を経ている。明治後期に天皇・皇室崇敬の儀礼システムが確立したことにより、「大教宣布の詔」の頃、政界関係者や皇道思想を奉じた人々が思いもよらなかったような形で「大教」が「少国民」の心をとらえるに至っている。一九三〇年代の段階では、天皇崇敬を核としながら学校教育と神社とメディアが緊密に結合し、強力な国家神道普及システムが機能するようになっていた。

3　国家神道の言説を身につけていくシステム

教育勅語・修身教育・国体論

第三章で見てきたように、明治初期においては、天皇崇敬や国体論・皇道論の「教」化の課題は、文明化の訓育とともに宗教集団が担うべきものと考えられたが、やがて学校教育にこそ教化の主要な場があることが見えてくる。とりあえずは近代文明の導入のための機関として、西洋のシステムを取り入れるのに懸命だった学校だが、やがて国体思想や天皇崇敬の宣布普及のために十分役立つ場であると考えられるようになる。

それはまた西洋近代の啓蒙主義的な教育理念と、儒教の影響が濃厚だった幕末までの日本の教育理念とをつきあわせて折衷し、国体思想に基づきつつ近代国家としても適格な教育の理念が組み立てられていく過程でもあった。この模索は一八九〇(明治二三)年に教育勅語が発布されたことによって決着がつき、以後、教育勅語の理念とそこに込められた天皇の「教」にそった修身教育、歴史教育、国民道徳の宣布活動が行われていくことになる。

教育勅語が渙発されると、それは天皇が示した教育の聖なる原理とされるとともに、修身教育の根幹をなすものとして絶大な権威を与えられることとなる。一八九一年に公布された「小学校教則大綱」では、第一条で「徳性ノ涵養ハ教育上最モ意ヲ用フベキナリ」、第二条では、「教育ニ関スル勅語ノ旨趣ニ基キ児童ノ良心ヲ啓培シテ其徳性ヲ涵養シ人道実践ノ方法ヲ授クルヲ以テ要旨トス」とされた。その後の修身教育の展開については略すが、一九〇四年から使用されることになった第一期国定教科書の修身科において、天皇崇敬や国体思想や忠君愛国の徳目が要の位置を占めていたことを確認しておきたい。

勝部真長と渋川久子の要約を引くと（『道徳教育の歴史』九三―九四ページ）、「明治天皇についてはすでに一年生の時、孝明天皇の皇子、御名は睦仁、十六歳で御即位、現在五十三歳、日本国を治める方で、宮城に住まわれ、臣民を深く愛しておられる、臣民は天皇の大きな恵をうけており、天皇の御姿に対しては最敬礼を行う、等のことが教えられる」。四年生になると、「瓊《に》瓊杵尊《にぎのみこと》の降臨（三種の神器と天照大神の神勅の話をふくむ）、神武天皇の即位、万世一系の天皇の国家統治などの国体の話とともに国民としての心得が教えられ、高等科一年では「第二十七課　祝日祭日」で国家の祝祭日について教えられる」ことになっていた。

また、教師用の手引き書というものもあり、そこでは、祝祭日の意義を理解させ、祝祭日には「天皇陛下親《みずか》ら厳粛なる儀式を行はせたまふことなれば、わが国の臣民たるものはこれ等の日には謹んで恭敬の意を表し、また殊に忠君愛国の道を思ひ起さ」せるように、と指示されている。

歴史教育における国体論と国家神道

次に歴史教育に話を移すと、こちらも明治初期には国体思想が教育の大前提になるという考えはなかなか定着しなかった(海後宗臣『歴史教育の歴史』)。一八七〇年代以降の教科書でも、「神代についてはこれを国体の本源として重視するものと、神代は歴史から除外すると考えるもの」の双方があった。福沢諭吉や田口卯吉《うきち》などは神武天皇以後を歴史叙述の対象と見なす立場をとっていた。九一年に文部省から刊行された『高等小学歴史』は、天皇自身の意向を反映して、「尊王愛国」の念を養うことが謳われてはいるが、歴史叙述は神武天皇から始まっている。当時の考古学等の学問的研究や歴史学の成果を反映させたものであろう。

ところが、一八九一年の「小学校教則大綱」では、「日本歴史ハ本邦国体ノ大要ヲ知ラシメテ国民タルノ志操ヲ養フヲ以テ要旨トス。尋常小学校ノ教科ニ日本歴史ヲ加フルトキハ郷土ニ関スル史談ヨリ始メ漸《ようや》ク建国ノ体制、皇統ノ無窮、歴代天皇ノ盛業、忠良賢哲ノ事蹟、国民ノ武勇、文化ノ由来等ノ概略ヲ授ケテ国始ヨリ現時ニ至ルマデノ事歴ノ大要ヲ知ラシムベシ」と記されている。日清戦争の影響などもあって、この主旨はより直接的に受け止められるようになり、九〇年代の末以降、天祖神勅や三種神器などについて歴史の教科書に書き加えなければならなくなる。たとえば、九九年刊の『新撰 帝国史談』では、「天照大神」の課で「この神は天皇の祖先であること、農業を教えたこと、蚕をかい衣服をつくることなどを人民に教えて安楽に生活できるようにしたこと」が記され、これに「三種の神器」「天孫降臨《てんそんこうりん》」の課が続く。この時期以降、どの歴史教科書もこの三課の内容の記述を含むこととなった。

国体思想に基づく道徳論が、成人たちにも呑み込みやすい形に整えられていく時期は、学校において国家神道の教えが直接的に説かれるようになった時期よりも遅れる。すでに井上哲次郎は『勅語衍義』(一八九一年)において、その骨組みを示していたが、それがよりこなれた文体で具体化するのは刊行物でいえば『国民道徳概論』(一九一二年)である。教養ある成人に神話的観念をそのまま吹き込むことはできなかった。それにかわって、国体論を支えつつ、ある程度の説得性をもつ「理論」が編みだされなければならなかった。

神社の組織化と皇道化

国家神道が国民生活に浸透していくための基盤は、国体にのっとった国家を支える祭祀体系としての神社神道が、国家神道の基盤として編成されていくことによっても固められていった。祭祀体系としての神道を国家神道の一翼へと方向づけようとする試みは、皇室祭祀や伊勢神宮、熱田神宮、靖国神社(東京招魂社)等の中核的神社(官国幣社)の機能強化という側面と、全国の神社の国家神道の機関としての組織化という側面との両方で進められていった。

国家神道の第一期である「形成期」には、皇室祭祀の整備が著しく進展した。また、神仏分離・廃仏毀釈によって、仏教組織の支配下にあった神仏習合の神祇施設が、尊皇思想に力点を置く神社神道施設へと転ずるよう促された。さらに湊川神社(楠木正成、一八七二年)、靖国神社(東京招魂社、一八六九年。七九年に改称)、豊国神社(豊臣秀吉、一八八〇年)、阿部野神社(北畠親房、一八八二年)、橿原《かしはら》神宮(神武天皇、一八九〇年)などが新たな創建神社として建立された。これらはいずれも天皇崇敬に連なる性格をもつ神社で、国家神道的な色彩が濃いものである。

だが、全国の神社を伊勢神宮を頂点として編成する、つまりは天皇家の祖神の配下の神社体系として組織し直すという過程は容易に進行しなかった。地域社会に根をもつ神職にとっては、神社に対する維新政府の処遇は冷淡なものと思われた。こうした状況を覆すべく、国家神道の土台となるはずの神社勢力の存在を自己主張する動きが起こってくる。神社勢力を全国的な統一的システムとして組み立て、国家神道の担い手として育てていこうとする企ては、皇典講究所(東京)と神宮皇學館(伊勢)という二大神職養成機関設立の運動から展開していった。

伊勢神宮に附属する神宮教院では一八七三年に神宮本教館が、東京の神道事務局には七六年に生徒寮が設けられていた。これらは将来の充実・発展を展望に入れた萌芽的なものだったが、八二年に神官と教導職が分離することにより、具体化の必要性が緊急のものとなった。「宗教」とは異なり、国体思想にのっとり天皇崇敬を基軸とした「祭祀」を行う組織として神社が位置づけられることとなり、そのための神職の養成機関が必要となった。それはまた、明治維新以来、国学や皇学を掲げ、国体思想にのっとった新たな教育体系を構想してきた人々の目指すものが具体化する施設となるはずのものでもあった。

皇典講究所の設立

東京では一八八一年から皇典講究所の設立案が立てられ内務卿に申請されていたが、八二年二月に内務卿山田顕義《あきよし》より、向こう一〇年間の内帑《ないど》金《きん》(皇室に権限がある資金)の下賜と、神道教導職総裁だった有栖川宮熾仁《ありすがわのみやたかひと》親王が勅命により皇典講究所総裁となることが通達された。同年一一月、東京飯田町の新校舎での開校式にあたって、総裁有栖川宮熾仁親王は次の様な「告諭」を寄せている。国体思想が中核にあることが知れよう。

凡《およそ》学問ノ道ハ本《もと》ヲ立ツルヨリ大ナルハ莫《な》シ、故ニ国体ヲ講明シテ以テ立国ノ基礎ヲ鞏《かた》クシ、徳性ヲ涵養シテ以テ人生ノ本分ヲ尽スハ百世易《か》フベカラザル典則ナリ、而シテ世或ハ此ニ暗シ、是レ本黌《ほんこう》ノ設立ヲ要スル所以ナリ。(國學院大學八十五年史編纂委員会編『國學院大學八十五年史』二九ページ)

また、宍野半《ししのなかば》幹事は旧生徒寮から新宿舎に移る生徒を自宅に招き、「今後の五ケ年間一切世事に関せず、心を修学に専にし、身を国家に委《まか》せ、一己の為を思はず、皇道の真理を明らめ、学成る後は勉めて国家に尽す所あらんことを」希望したという(同前、三一ページ)。

ここに表れているように、皇典講究所は国家のため、天皇のために尽くす人を養成することを目標に掲げ、国体や皇道を学ぶべき施設と考えられていた。設立の後ろ盾は内務省と宮内省であり国家的機関といってよいものなのだが、政府はある程度以上の支出の意志がなく、運営資金は諸神社よりの寄付に期待することとなった。

皇學館の設立

伊勢の皇學館の方はやや事情が異なる（皇學館大学『創立九十年再興十年 皇學館大学史』）。伊勢神宮には一八七五年、久《く》邇宮《にのみや》朝彦《あさひこ》親王が「祭主」（神宮祭主）に任命され、「明治天皇の格別の御信任のもと、衆望を担って着任された」（同前、一七ページ）。「祭主」とは宮廷から派遣されて伊勢神宮の政務を担当する官人で、伊勢あるいは京都に住んで大きな権限をもっていた。もと中臣氏から出ていたが、江戸時代は藤波氏が務めていた。明治維新の改革によってこの祭主に皇族が当てられることとなり、京都にあって皇室と神宮を媒介する象徴的な地位となった。

久邇宮朝彦親王は一八七八年以来、伊勢の神宮教院で講究会を開くように指示し、京都の自宅でも神職等を集め、毎月、神典等を題材とした講究会を催していた。京都の講究会へは大阪から破格の待遇で国学者の敷田《しきだ》年治《としはる》が招かれ、やがて神官・教導職の分離を受けて、久邇宮朝彦親王が新たな神職養成機関として皇學館（神宮皇學館と称した時期もある）の設立に乗り出すと、敷田もそれに協力することとなった。久邇宮朝彦親王は息子の賀陽宮《かやのみや》邦憲《くにのり》王の教育を敷田年治に委ね、邦憲王は八二年以来、伊勢に居住することとなる。神宮祭主、久邇宮朝彦親王が皇學館設立の令達を出すのは、皇典講究所の設立許可が下って間もない八二年の四月である。

神職養成システムと皇道論・国体論

皇學館側では皇典講究所の所管となるべきかどうかのうかがいを出したが、内務省は独立の機関として一八八三年に設立許可を伝えることとなった。八七年には生徒は「別科」や「予科」をも含めて四十余名という小規模なものだった。この年に定められた「神宮皇學館規則」では「皇學館ハ我建国ノ体及君臣ノ大義ヲ弁知セシメ幷《あわ》セテ徳性ヲ涵養スルニアリ」と規定され、学ぶべき主要な学知は「皇学」と理解されていた(同前、三〇ページ)。皇典講究所においても皇學館においても、当初から学ぶべき学問は、神道ではあるが国体に関する学知を主軸とするものと考えられていたことが知れる。

その後、皇典講究所は地域社会の神職養成の任にあたるべく、全国各府県に分所をもうける。また、より高度の研究・教育機関として一八九〇年には國學院が設けられることになる。だが、設立以後、皇典講究所は財政難に苦しみ続けた。設立時は皇室からの恩賜金と伊勢神宮や官国幣社の課出金で運営する方針だったが、折しも官国幣社への国庫補助の制限が打ち出された時期であり、課出金は滞り、寄付も思うように集まらなかった。一九〇三年、神宮皇學館は内務省所管の官立専門学校となっているが、皇典講究所も官立を目指し皇學館との合同案も出されたが、実現しなかった。

「国家ノ宗祀」としての神社

当初は財政的な困難に苦しんだ皇典講究所や國學院だが、明治末期になると財政基盤が改善されていく。これは神社の地位が上昇するとともに、神社神道の当事者たちの間に連帯感が生じ、財政的支援が増大したからだろう。地域神社と神職の不遇に憤慨する人々は、早くから地域神社と神職の待遇改善運動に乗り出していた。一八八九年には神官同志会が結成され、議会に働きかけて神祇関係の官庁を地位の高い神祇官とすべきだとする声を上げていた。この運動の中から、九八年、全国神職会が創立される(全国神職会編『全国神職会沿革史要』)。この全国神職会の人々と神道の意義を重んじる議会人や地方有力者たちが、その後の神祇官再興運動・特別官衙設立運動を担っていく。神職や地域の氏子組織を背景とした神社神道が、国家神道の担い手としての影響力を強めていくのは、この運動を通してのことだった。

全国神職会にとってとりあえずの大きな成果は、一九一三(大正二)年四月の内務省訓令第九号「官国幣社以下神社神職奉務規則」第一条で、「神職ハ国家ノ礼典ニ則リ国家ノ宗祀ニ従フベキ職司」と、神社が「国家ノ宗祀」であることが明文化されたことである。「国家ノ宗祀」という語はここでは全国の神社の祭祀が皇室祭祀に連なるものであり、祭政一致の体制を担うにふさわしい国家機関であることを示す語として用いられている。

この語はすでに一八七一年五月一四日の太政官布告で「神社ノ儀ハ国家ノ宗祀ニテ一人一家ノ私有スベキニ非ザルハ勿論ノ事ニ候」と規定されていたが、この段階では神社の私的性格を払拭することに主眼があり、「国家ノ宗祀」にふさわしい処遇は考えられていなかった。一九一三年の内務省訓令ですべての神社が「国家ノ宗祀」としての地位を公式に認められたことになるが、それを実質化していくのはその後の運動であり、全国神職会はその運動において中核的な役割を担うことになる。

4　下からの国家神道

「日本型政教分離」への歩みが進んだのは、国家神道史の第一期「形成期」(一八六八年―一八九〇年頃)の後半から第二期「確立期」(一八九〇年頃―一九一〇年頃)にかけての時期だが、その時期に着々と国家神道を国民の間に広める布石が置かれていった。ここまで、学校行事や学校の教科内容、また神職養成システムと神社神道の形成について見てきた。そこではふれなかったが、軍隊における訓練や共同生活を通して人々が天皇崇敬に慣れていくシステムが固められていったのもこの時期である。この時期はまた、天皇・皇室が大日本帝国憲法制定記念行事、戦勝記念行事、大正天皇の結婚式などの国家的行事において、直接に、またマスコミを通して、国民の脳裏に強く焼き付けられていく時期でもあった(このことについては、第一章で皇室祭祀と天皇崇拝の意義について述べたときにもふれた)。

国民自身が国家神道の担い手となる

学校や軍隊や国家行事を通してナショナリズムが育てられるのは、欧米をはじめとして世界各地の国民国家で広く共通に見られることである。日本ではナショナリズムが国家神道という宗教的要素とからみあって展開した。世俗的ナショナリズムが標準的と考えられたヨーロッパとは異なるパターンであるが、世界各地を見渡せば、ナショナリズムと宗教が重なり合って展開する例は珍しくない（ユルゲンスマイヤー『ナショナリズムの世俗性と宗教性』）。宗教的ナショナリズムが目立つ国として、インド、イスラエル、イランを初めとするイスラーム諸国が思い浮かぶが、ロシアや東欧諸国やアジアの仏教国もそこに含まれよう。

このような観点に立つとき、国家神道が国民自身が担い手となる下からの運動という性格を帯びるようになったことに注意する必要がある。ナショナリズムが国民によって下から支えられていく性格をもっていることは広く認識されている。国家神道も武士層が鼓吹し国家制度に取り込まれて広まっていったのだが、やがて民衆に受け入れられ、下からの国民運動として、あるいは宗教的ナショナリズムとして広まるようになっていったと見ることができる。

宗教運動が国体論・皇道論を取り込む

この節では国家神道が民衆が積極的に参加する下からの運動に取り込まれ、やがて大きな政治的影響力をもつ勢力に成長し、ついには国政を動かす勢いまでもつに至る経緯について、興味深い例を拾いながら述べていこう。

すでに大きな勢力を築くに至っていた新宗教運動は、天理教の例で見たように（第一章第5節）、一九〇〇年頃には国家神道の枠組に従うことを強いられていった。ところがそれとほぼ同じ時期、成長途上にあった二つの宗教運動の場合、それぞれ積極的に皇道論や国体論を取り込む動きを見せている。それは、出口なお（一八三六―一九一八）・出口王仁三郎《おにさぶろう》（一八七一―一九四八）による大本教と、田中智学《ちがく》（一八六一―一九三九）による国柱会である。

大本教と国柱会はその後、多くの宗教運動の発展を促す牽引者的な役割を担った宗教運動である。この二つの運動はともに大正期から昭和初期にかけて大きな勢力を築くとともに、これらの運動に共鳴した在野の天皇崇敬運動にもきわめて大きな影響を及ぼすことになる。二・二六事件など、クーデターやテロを通して、天皇を中心とした神政国家体制への変革を目指した昭和維新の運動に加わった人々を強く刺激することにもなったのだ。

その大本教と国柱会は、ともに元は天皇崇敬の要素はあまり含まない運動だった。

田中智学と国柱会

田中智学は日蓮宗徒だった医者、多田玄竜の三男として江戸に生まれた。早く両親が死んだため、一〇歳で出家したが、生ぬるい宗門の体質に失望し、還俗して在家として日蓮宗を広める運動に取り組むようになる。一八八四（明治一七）年に立正安国会を結成し、浅草や日本橋に本拠を設けるが、当時の主張は日蓮宗と日本仏教の革新というところにあった。『宗門之維新』（一九〇一年）では日蓮宗を変革して、日本と世界を救済するという意気込みが語られていた。すでに日清戦争の時にも、天皇が日蓮宗を支持することによって国家救済がなしとげられることを展望した「国禱」が行われていた。しかし、神武天皇や国体に関することは当時の智学の関心に入っていなかった。

ところが一九〇二年頃から、智学の講演の中に神武天皇や国体の主題が含まれるようになる。一九〇三年の講演は『世界統一の天業』として刊行されるが、そこでは神武天皇の言葉の中に独自の徳治理念があるとしてそれが日本の国体の基礎だとし、日本の国体は日蓮主義の目指すところと一致すると説いている。〈天皇が日蓮仏教を支持して日蓮仏教中心の世界統一が行われる〉というビジョンから、〈天皇はその存在そのものが仏教的真理を具現しており、世界を統一すべき神聖な国体こそ日蓮仏教の目指す最高の理想である〉というビジョンへと変化したのだ。

後になるとさらに国家神道に近づいていくが、一九〇〇年代の智学は国体論は取り込んでも、なお仏教の枠内に留まっている。とはいえ、国体論を取り込み国家神道と歩調を合わせることで、運動が活力を高めることが目指されており、それは成功したと言えるだろう。物語による仏教精神の覚醒を目指した宮沢賢治や、満州事変を首謀した関東軍の指導者、石原莞爾《かんじ》がこうした国柱会の活力に強く惹きつけられたことは否定できない。

大本教と出口王仁三郎

次に大本教だが、この宗教運動の最初の基礎を築いたのは綾部（京都府）の貧しい主婦であった出口なおで、一八九二年に最初の神がかりを体験し、「世の立替え立直し」を訴え始めた。やがて綾部の地元で信徒集団が形成されるようになり、なおが神の言葉を取り次いだ「お筆先」が書き継がれていく。それは神の力による変革が近い将来に起こり、理想世界が到来すること、そのために人間一人一人が心を清め、神に従うべきことを説いたものだが、そこに天皇崇敬の要素はまったく含まれていなかった。

綾部の小集団が大きな活力をもつ宗教教団へ発展していくのは、そこに後の出口王仁三郎、当時の上田喜三郎が加わったことによる。求道の旅の途上にあった喜三郎が自らの神を世に広めるキイパーソンになることを直観したなおと出会ったのは、一八九八年のことである。なおの娘のすみと結婚して出口王仁三郎と名乗り、集団の指導者となることを予定された立場にあったが、古くからの信徒との折り合いが悪かった。

そこで王仁三郎は一九〇六年、いったん教団を去り京都の皇典講究所分所に入所する。半年余り国家神道の手ほどきを受け神職資格を得た王仁三郎は、別格官幣社建勲《たけいさお》神社に奉職している。この建勲神社は一八六九年に明治天皇の命によって創建された、織田信長を祀る神社であり、いわば国家神道の本流に位置する神社である。建勲神社で社務にあたったのは半年ほどだったが、この一年余りの間に王仁三郎は国家神道の思想・言説と現場のノウハウを十分に身につけることができた。

皇道主義の取り込み

一段と権威を増した指導者としてなおの教団にもどった王仁三郎は、教団名を金明霊学会から大日本修斎会と改めて強力な布教を押し進め、その後数年のうちに全国的な影響力をもつ教団へと発展させていく。そして一九一六(大正五)年には教団名を「皇道大本」と改め、皇道論への接近を強めていく。教団内では出口王仁三郎が救世主であるという信仰が広められていたが、王仁三郎自身は天皇こそが救世主であると示唆するようになる。機関誌『神霊界』の一九一七年三月号に掲載された「大正維新に就て」はそうした立場をよく示すものだ。

> 皇道大本の根本大目的は、世界大家族制度の実施実行である。畏くも天下統治の天職を惟神《かむながら》に具有し給う、天津《あまつ》日《ひ》嗣天皇《つぎすめらみこと》の御稜威《みいつ》に依り奉るのである。先ず我国に其《その》国家家族制度を実施し、以て其好成績を世界万国に示して其範を垂れ、治国安民の経綸《けいりん》を普及して地球を統一し、万世一系《ばんせいいっけい》の国体の精華と皇基を発揚し、世界各国咸《みな》其徳を一にするが皇道大本の根本目的であって、大正維新・神政復古の方針である。

この文章では、あたかも天皇こそが世界統一をなしとげる救世主であると見なされているかに読める。大本は「経綸」という語を頻繁に用い、そこに国家や世界の政治的運命が神の意志に基づき展開していくという神的歴史の観念を込めている。一九一七年の時点で、すでに『古事記』こそ「世界経綸」の根本聖典だとし、瓊瓊杵尊以来、一八〇万年にわたって「世界の人文開発して、天下統治の神権を行使すべき時運の到来を待」っていたという。「実に世界統治の神権は、万世一系・天壌無窮に享有し給うのである」と述べるとき、後の皇道主義的右翼運動に連なるようなラディカルな皇道論を先取りしていると言ってよい。

地域神職層の活性化

大本教が国家神道色を強めていったのは、国家神道が神職層や地域住民や修養団体を巻き込んで下からの運動として展開していく動向と歩調を合わせたものだ。

たとえば、岡山県では一九一四年に美作《みまさか》地方の貴布禰《きぶね》神社の若手神職、為貞元臣《ためさだもとおみ》(一八九三年生まれ)らにより美作青年神職同志会が結成され、やがて若手神職の結合が全県に拡大し、一九二〇年には岡山県神職同志会が結成される。以下、畔上直樹《あぜがみ》の『「村の鎮守」と戦前日本』によってこの若手神職の運動と「下からの」国家神道の関わりについて見ていこう。

日露戦争後の地方改良運動で「神社中心主義」が唱えられ、神社が地域社会の統合・活性化において大きな役割を果たすことが期待されていた。それに応じて神宮皇學館や皇典講究所で学んだ若手の神職らが天皇崇敬と神社活性化と地域社会の振興を結びつけたさまざまな活動を起こすようになった。岡山県はその顕著な例を示している。

たとえば、倉敷近郊の山手村御崎《おんざき》神社の神職で、小学校教員も務めたことがある宮岡亮行《りょうこう》(一八九五年生まれ)は、一九二一年、南北朝の合戦の際に南朝側で戦い多くの戦死者を出した地元の福山城跡の顕彰保存運動を起こしている。畔上は同年の『岡山県神職会々報』に掲載された宮岡の論説文「神祇道宣伝隊を組織せよ」を引用しているが、そこには「兎《と》に角《かく》神祇は国家の宗祀だ。その保証人は国家じゃないか。(中略)廃《すた》れんとする大和民族性を涵養し、離れんとする神祇観を安定し、民衆教化の大勢力たらん」といった文言が見られる。この運動には、山手村の青年団や蓮沼門三《はすぬまもんぞう》（一八八二—一九八〇）が一九〇六年に創設した修養団が深く関わっていた。修養団もまた人々の自己変革を促すとともに、下から国家神道を支え盛り上げようとした団体の一つである。

地域神職らが国家神道を盛り上げる

こうした草の根の運動は岡山県神職会から全面的な支持を受けたが、その岡山県神職会は全国の神職会の改革運動においても先導的な役割を果たしていた。一八九八年に結成された全国神職会は官国幣社（官社）が主導権を握っており、府県社以下の神社（民社）の神職は冷遇されていると感じていた。すでに一九一四年頃には、全国神職会総会でこうした声が上がるようになっており、一六年には府県社以下神職の役割を拡大するよう組織改革が提案されていた。この運動は官社神職である「宮司」に対して若手や民社神職である「社司社掌」の役割を拡大せよという運動となって展開し、二五年には全国社司社掌会が創立される。

こうした運動を支える主張は「国家の宗祀」という点では神社にかわりはなく、在地の神社だからこそ国民教化に大きな役割を果たすことができるというものだった。全国神職会の機関誌『皇国』（一九二三年）に掲載された長野県の神職の文章の次の一節はこうした考え方をよく表している。

神職（府県社以下）の内容的改善を、私は極度に要求する（中略）一般民衆と直接緊密なる関係を持つは府県社以下であり、皇室中心、神社中心主義を遵奉する我大和民族は社会政策上から言っても是を官国幣社と切り離して軽視するは誤りである。

一九二〇年頃に地域の若手神職によって立ち上げられたこうした運動は、三〇年代の草の根の日本精神興隆運動に受け継がれていった。岡山県山手村の宮岡亮行が一九二一年に取り組んだ福山城跡顕彰保存運動は、三〇年代半ばには村ぐるみ地域ぐるみのいわば「総動員」的な運動に展開していく。一九三五年二月に「福山戦六百年記念会」を掲げて福山城阯保勝会が発足し、同年一一月、大規模な建碑除幕式と慰霊祭典が挙行され、山上に顕彰碑群が出現することになる。この運動は山手村の村政担当者や倉敷の商工界も積極的に関与し、観光地化が目指されてもいた。

教育勅語で育った地域社会の諸勢力

ところでこのイベントのきっかけとなったのは、一九三四年五月に「天行会」の会員らが行った山上での慰霊祭だった。この天行会というのは、大本教から別れた友清歓真《ともきよよしざね》（一八八八―一九五二）が起こした神道天行居の岡山支部だった。ちなみにこの神道天行居は、後に三島由紀夫が『英霊の声』を書くときに霊界観の下敷きとした団体だ。

この慰霊祭は「霊的国防」を掲げる同団体の岡山支部が、「戦没将士の御霊並に重秘の神仏を地下磐窟に奉鎮し、その上に石宮を建立し」たのをきっかけとしたもので、それは「福山神社」とよばれた。この祭祀は楠公祭や招魂祭の伝統を踏まえたものだろう。実は御崎神社の神職、宮岡はすでに一九二一年の段階で「福山神社」につながる構想をもっていた。三五年の一大イベントの後、これは大規模な建設計画に具体化し、福山神社創立期成準備会が発足する。

以上、畔上の資料の掘り起こしの恩恵を受けて一事例について述べてきた。これこそが一九二〇年代以後の地域社会を基盤にした「下からの国家神道」運動の典型だと言いたいわけではないし、ごく短い紹介にとどまったが、この山手村の事例から学べることはいくつもある。まず、この運動には神職層、学校教員、村政担当者、商工界、青年団、宗教団体、修養団体などさまざまな人々が関わっていることが分かる。山手村の場合は、福山城跡が存在したことなどにより商業的な利益も関わり、国家神道的な下からの運動が盛り上がるのにふさわしい条件があったようだ。

また、教育勅語が柱となった学校教育を受けた、新たな世代の自己主張も見られる。とくに岡山県では、神宮皇學館や皇典講究所のような神職養成機関で皇道・神道を学び、全国神職会で横の連帯を経験してきた新たな世代の神職層が、各地で活力ある活動を展開していたという事情もあった。この事例では、新時代の活力が下からの国家神道運動へと向かったのだった。

多くの国民が身につけた国家神道

この章では主に国家神道の歴史の第二期確立期(一八九〇年頃―一九一〇年頃)を扱い、国家神道がいつどのようにして国民に広められ、いつどのようにして国民生活に浸透していったのかを示そうとしてきた。第二期に進行したプロセスの結果が第三期の「浸透期」、第四期の「ファシズム期」に明瞭に見えてくることがある。そこでこの節では、第三期や第四期についてもふれてきた。

第二期に確立していった儀礼システム、教育システム、神社組織と神職養成システムなどが基盤となって、国民は国家神道の価値観や言説や実践を自ら身につけていった。大正デモクラシーとよばれる時代は国家神道の第三期浸透期と重なるが、「民主化」の流れの中でも国家神道の浸透の動向を押しとどめようとする働きが優勢というわけではなかった。社会のさまざまな局面で民衆の下からの参加が押し進められるにつれて、むしろ第二期確立期に整えられた国家神道の普及の装置が力を発揮するようになる。その結果、第四期ファシズム期には皇道や祭政一致の理念を掲げて既存の体制をくつがえそうとする下からの運動を、押しとどめるのが困難な状況に至ることになる。

「政教分離」と「祭政一致」の均衡は、結局、後者の優位へと展開していったように見える。それは明治前期から中期にかけて「祭政一致」を通して国家神道を国民にゆきわたらせる仕組が周到に整えられ、暁烏敏《あけがらすはや》がそうであったように、「政教分離」に支えられるはずだった諸宗教もやがて「祭政一致」体制に呑み込まれていき、国家神道と諸宗教の二重構造は前者の圧倒的な優位へと傾いていかざるをえなかったということだ。

国家体制をめぐる「顕教」と「密教」

こうした近代日本宗教史の展開を理解する上で示唆に富んだ指摘をしているのは、久野収・鶴見俊輔『現代日本の思想』（一九五六年）の久野が執筆した「第四章　日本の超国家主義」だ。久野は宗教について論じているのではなく、政治理念について論じているので少々文脈が異なるが、国家神道の歴史という問題に適用してみる価値があると思う。

久野によると明治憲法の国家体制は、民衆向けの「顕教」とエリート向けの「密教」との組み合わせで成り立っていた。

天皇は、国民全体にむかってこそ、絶対的権威、絶対的主体としてあらわれ、初等・中等の国民教育、特に軍隊教育は、天皇のこの性格を国民の中に徹底的にしみこませ、ほとんど国民の第二の天性に仕あげるほど強力に作用した。／しかし天皇の側近や周囲の輔弼《ほひつ》機関からみれば、天皇の権威はむしろシンボル的・名目的権威であり、天皇の実質的権力は、機関の担当者がほとんど全面的に分割し、代行するシステムが作りだされた。／注目すべきは、天皇の権威と権力が、「顕教」と「密教」、通俗的と高等的の二様に解釈され、この二様の解釈の微妙な運営的調和の上に、伊藤の作った明治日本の国家がなりたっていたこ

とである。(久野・鶴見『現代日本の思想』一三一―一三二ページ)

国民全体に対しては、無限の権威をもつ天皇を信奉させる建前を教化し、国民の国家への忠誠心を確保しようとした。これが「たてまえ」、つまり「顕教」だ。他方、国家と社会の運営にあたる際には、近代西洋の民主主義や自由主義の制度に準拠し、経済や学問知識の発展、そのための人材活用を尊んだ。これが支配層間の「申しあわせ」で、「密教」にあたる。

憲法解釈に即していうと、「顕教」は天皇＝絶対君主説となり、「密教」が立憲君主制の立場であり天皇機関説となる。「小・中学および軍隊では、「たてまえ」としての天皇が徹底的に教えこまれ、大学および高等文官試験にいたって、「申しあわせ」としての天皇がはじめて明らかにされ、「たてまえ」で教育された国民大衆が、「申しあわせ」に熟達した帝国大学卒業生たる官僚に指導されるシステムがあみ出された」(同前、一三二ページ)。

伊藤博文や井上毅の意図では、この「密教」の立場が政治システムを統御し続けるはずだったが、「顕教」を掲げる下からの運動、そしてその影響を受けた軍部や衆議院が統御を超えて「密教」の作動を困難にしていく。「軍部だけは、密教の中で顕教を固守しつづけ、初等教育をあずかる文部省をしたがえ、やがて顕教による密教征伐、すなわち国体明徴運動を開始し、伊藤の作った明治国家のシステムを最後にはメチャメチャにしてしまった。昭和の超国家主義が舞台の正面におどり出る機会をつかむまでには、軍部による密教征伐が開始され、顕教によって教育された国民大衆がマスとして目ざまされ、天皇機関説のインテリくささに反撥し、この征伐に動員される時を待たねばならなかった」(同前、一三三ページ)。

近代的な政治は世俗的な力によって動くと考えていた久野は「超国家主義」という「イデオロギー」が基軸だったと考え、宗教用語をたとえとして用いているが、久野のいう「顕教」は事実、国家神道として捉えるのが適切なのだ。

祭政教一致体制の支配へ

国家神道の祭政一致、祭政教一致のたてまえは、文書上は「大教宣布の詔」に見られるように、明治初期に国家の目指すべき基本方針として確立されていた。しかし、その後、近代国家としての制度枠組とこのたてまえをどう調整するかについて長期にわたって模索が続いた。皇室祭祀の整備など早くに格段の進展を見せたものと、天皇崇敬の教化システムは神社の組織化など、長い年月をかけてようやく整っていったものとがあった。大日本帝国憲法と教育勅語が制定された後の、国家神道の第二期である確立期は、こうした側面も次第に整えられ、国家神道が国民に浸透する基盤が固められていく時期だった。

この章では、この時期に進行する日本社会の基底部での国家神道化について概観した。学校で天皇崇敬の儀礼システムが整えられていき、それは「天皇の祭祀」への国民全体の参加にも及んでいった。修身科や歴史など学校の教科で国体論や皇道論の内容が教えられる体制が確立するのもこの時期だ。他方、神職養成機関は第一期の終わりに近い一八八〇年代に創設されていたが、その基礎を踏まえ、第二期にこそ内実を整え、やがて同窓の横の結合を基礎とした神職組織が確立していく。全国の神社の組織が皇室祭祀と伊勢神宮を頂点とする「国家の宗祀」としての実質をもつための運動も進められるようになる。さらに、次第に多くの国民に影響力を及ぼす運動へと発展していく途上にあった、国柱会や大本教のような宗教運動が、国体論、皇道論を取り込んでいくのもこの第二期だった。

こうしてこの時期には、国家神道は上からの教化・統制のシステムが整えられ、「下からの運動」へと展開していくための基礎が固められていった。この節の半ばでは、一九一〇年代の半ばから広がっていく「下からの国家神道」運動について、岡山県の地域に根を張る神職が関与した運動について例示した。明治期に尊皇派の武士により「上から」導入され、民衆への浸透を目指された国家神道は、昭和期、とりわけ戦時中には、多くの草の根の支持者をもつ下からの運動になっている。

一九三〇年代に入ると、知識人宗教者、暁烏敏も皇道・臣道を唱えるようになり、大本教は会員八〇〇万人といわれた昭和神聖会の核となり、田中智学に強い影響を受けた石原莞爾のようなエリート軍人を含め多くの日蓮主義者が天皇と民衆の直結を唱えるようになっていた。それはまた、岡山県の山手村で福山城跡顕彰の運動が華々しく展開する時期でもあった。こうした国家神道の展開は、明治初期に国家神道の基本路線を敷こうとした人々が予想することができないものだった。

彼らには何が見えていなかったのか。さまざまな視角からそれぞれに妥当性をもった答え方ができるだろう。だがこの書物では、これまであまり注目されてこなかった理由に目を止めている。――国民国家の時代には国家的共同性への馴致が目指されるが、民衆自身の思想信条は為政者や知識階級の思惑を超えて歴史を動かす大きな要因となる。また、啓蒙主義的な世俗主義的教育が進む近代だが、にもかかわらず民衆の宗教性は社会が向かう方向性を左右する力をもつことが少なくない――。日本の国家神道の歴史は、このような近代史の逆説をよく例示するものだろう。

第五章

国家神道は解体したのか？

―戦後―

1 「国家神道の解体」の実態

第二次世界大戦後の日本の宗教のあり方は、国家神道の解体と信教の自由の確立によって特徴づけられると考えられてきた。――敗戦までは国家神道が国民の宗教的観念・実践の中心にあって高い地位を与えられ、他の諸宗教は従属的な立場に甘んじざるをえなかった。戦後は国家神道が解体されて神道も含めて諸宗教集団が法的に対等の地位を与えられ、個々人は自由に宗教を選び取ることができるようになった。

神道指令は国家神道を解体したか？

日本の宗教地形、あるいは世界観構造のこの大きな変化は、一九四五(昭和二〇)年一二月にGHQ(連合国軍最高司令官総司令部)が示した「神道指令」(「国家神道、神社神道ニ対スル政府ノ保証、支援、保全、監督並ニ弘布ノ廃止ニ関スル件」)によって定められた。だが、ここで「国家神道」とよばれているものが何を指すかについては、第二章で見たように大いに問題がある。当然のことながら、「国家神道の解体」が何を指すかについても考え直す必要がある。

ここまで見てきたように、明治初期以来の近代国家形成のビジョンとして祭政一致、祭政教一致という考え方があり戦前の国家神道を導いたこと、神社神道は国家神道の一部にすぎず皇室祭祀がきわめて大きな役割を果たしたこと、この両者は一体であるべきものと考えられてきたこと——以上のことどもを考慮に入れるとき、では、一九四五年を区切り目とする制度変革によって国家神道はどのように変化したのか。それはどこまで「解体」したと言えるのか。

実は国家神道は解体していない。もちろんその規模は格段に縮小した。だが、今も生きているのだ。では、国家神道が今も生きているとして、その実態はどのようなものなのだろうか。そこにおいて、皇室神道・皇室祭祀はどのような位置を占めているのか。また、宗教集団となった神社神道はどのような位置を占めているのか。天皇崇敬や国体の観念の存在形態は戦前とどのように異なるのだろうか。このような諸問題の個々の内容については、多くの論述がなされてきている。だが、その全体像について明示的に論じた文献はほとんどない。

神道指令は皇室祭祀にふれていない

国家神道的な皇室祭祀の体系は、第二次世界大戦後、どのように変化したのだろうか。第二章でも述べたように、神道指令は皇室祭祀にはまったくふれなかった。その前提は、皇室祭祀と神社神道をはっきり分け、そのうち皇室祭祀はおおよそのところ、国民のための信教の自由という問題領域の枠外にあるとする考え方である。

「宗教」とは宗教集団が担う教義や儀礼のシステムであり、その中の特定の一つ（「神社神道」）が国家と特別の関わりをもつことを禁止することこそ、信教の自由の保障の中心的課題であると見なされた。「国家」と「宗教集団」（教会）というアメリカ的・西洋的枠組の下で信教の自由を考えている神道指令は、その問題を正面から取り上げたのだが、皇室神道・皇室祭祀はそのような意味での「宗教」や「神道」の枠内に入ってこない。皇室で行われる祭祀は神道の枠内に入るとしても、むしろ天皇や皇族が私人として実践する自由をもつ事柄であり、宗教集団と国家の関係という観点から制限するに及ばないということになる。ここでは皇室祭祀、皇室神道の公的機能と信教の自由の葛藤の可能性に対して、たいへん楽観的な見方がとられている。

神道指令とその具体化の過程についての包括的研究を行った國學院大學教授の大原康男は、「GHQが一方で極力払拭しようとしていた天皇の神聖性や、国民の天皇崇拝意識と皇室祭祀の間には直接のつながりはないとみていた節が窺われる」（『神道指令の研究』一二〇ページ）と論じている。

神道指令に至るGHQの検討の過程では、「祭祀王 Priest-King への信仰」が論題になった。神道指令の作成の責任者となったCIE（民間情報教育局）のW・K・バンスは一九四五年一〇月当時、ATIS（連合国翻訳通訳部）のレポートを受けて、「国民の中にある「祭祀王」への信仰（belief）は、彼らの自由な選択に全面的に基礎づけられなければならない」としながら、政治的強制によらず自由な選択によるものならば危険なものではないと見なしていた（同前、一一二ページ）。

バンスは引き続き、一九四五年一一月から一二月にかけて三つの「担当者研究」という文書をまとめているが、第三次「担当者研究」では、次のように述べている。

危険は天皇と神道の相互関係に存在するのではない。危険は、名目的には文武の権力を祭祀王の手中にあずけながらも、実際は国家の機構を支配している権力集団によって行使することが許されている政治制度の特殊な性質の中に存在する。解決策は、（a）天皇が皇位を維持することを許すという我々の最近の政策と一致するぐらいに教会と国家の分離を完璧になしとげること、（b）国民によって選ばれた国会議員の手で直接国家の実際の管理がなされるような憲法と法令の改正を保証することである。もちろん、解決策の第二の部分はこの研究の範囲を超えている。（同前、一一九ページ）

このような判断に基づき、皇室祭祀そのものは大幅に保存されることとなった。それが一部の勢力により政治的に利用されることがないように制度を確立すれば、私的な信仰の領域の事柄にとどまり国民生活への大きな影響はないと考えられていた。

皇室祭祀を温存した政治判断

なお、こうした判断は天皇制を維持し天皇の権威を利用することで占領統治を効果的に遂行しようとした、マッカーサーの意図が反映している可能性が高い。大原康男は、「GHQが皇室祭祀に対して終始穏やかな対応をしたのは、最初述べたように彼らが皇室祭祀そのものからは「脅威」や「危険」の匂いをほとんど感じなかったことによるが、もう一つ、そこには最高司令官マッカーサーの天皇に対する微妙な配慮があったことも考えられよう」(同前、一六〇ページ)と述べている。これは、バンスが「我々の最近の政策」と述べていることと関係があるだろう。

実際、皇室祭祀の存続の方針が定められていく時期は、マッカーサーが天皇の権威の温存こそが得策であるという判断を固めていく時期でもあった。マッカーサーに大きな影響を与えたとされる知日派のボナー・F・フェラーズ准将が一九四五年一〇月二日にマッカーサーに渡したメモには、国民の天皇への宗教的敬愛心を積極的に評価し、天皇の戦争犯罪を問わないように促す文言が繰り返し記されている。「いかなる国家においても、人民はみずからの政府を選ぶ固有の権利をもつというのが、アメリカ人の基本的な理解である。もし日本人がそうした権利を与えられれば、天皇を国家の象徴的元首に選ぶであろう。大衆は特に裕仁を敬愛している。天皇が直接国民に語りかけたことにより、大衆は天皇をこれまでになく身近に感じている」(ダワー『敗北を抱きしめて』下、三六―三七ページ)。国家神道への対処という側面からみれば、天皇家と皇室祭祀にある種の厚遇を与え、神道指令によって生ずる衝撃や不満を緩和しようとしたと見ることができるだろう。

存続する国家神道を直視する

国家神道という重要な政治問題から皇室祭祀を排除したGHQの判断が、日本人にとって都合がよいものだったと思う日本人は多いだろう。だが、皇室祭祀が残ったことにより国家神道が今も生きていることに対して無自覚であってよいわけではない。「日本人は無宗教だ」という時もこの問題が忘れられていないだろうか。日本人は国家神道の思想や心情の影響をふだんに受ける位置に今もいるのであり、そのことに自覚的に対処するのがよい。

こうした自己省察を深めていくことで、政教関係をめぐる国内の諸問題に、より適切に対処できるだろう。戦没者の追悼をめぐる問題や国家と宗教行事や祭祀の関わりの問題、ひいては諸宗教集団の活動の自由や公益性の問題を考えるとき、国家神道の現状についての正確な認識が欠かせない。また、国際社会での政教関係問題をめぐる相互理解の深まりにも貢献するはずだ。信教の自由について、西方キリスト教を基準としがちな思考枠組の偏りを見直す一助にもなろう――これが私の主張したいことだ。

そこで、この節ではこれまで捉え返してきたような国家神道の歴史像に照らして、戦後から現在に至るまでの国家神道と皇室祭祀の様態について考えていきたい。皇室祭祀の現状について検討するには、(1)日常的季節的皇室祭祀、(2)天皇等の通過儀礼、(3)三種の神器と陵墓、(4)神社との関わり、(5)皇室祭祀の国家制度、の諸領域を検討する必要があるが（高橋紘『象徴天皇』、同『平成の天皇と皇室』)、紙数の都合上、(1)についてのみやや詳しく説明し、あとの説明は簡略にすませる。

皇居には賢所《かしこどころ》、皇霊殿、神殿があり、宮中三殿とよばれている。ふつうの神社と異なるのは鳥居がないことで、先祖を祀っているので神社ではないと位置づける人もいるが、先祖を祀っているから神社ではない、まして宗教ではないという議論は通らないだろう。八二〇〇平方メートルの敷地を占める大きな神道礼拝施設と理解するのが自然である。中心の賢所には天照大神《あまてらすおおみかみ》が孫の瓊瓊杵尊《ににぎのみこと》の降臨の際、自らの分身として授けた鏡がご神体としてすえられている。もっとも本来の鏡は一一代垂仁《すいにん》天皇の時に伊勢神宮に移されたとされ、宮中には「うつし」が置かれるようになった。皇霊殿には歴代の天皇・皇后・皇妃・皇親の二二〇〇余りの霊が、神殿には神産日神《かみむすびのかみ》、高御産日神《たかみむすびのかみ》など『古語拾遺』に記されている八神と天神地祇が祀られている。さらに宮中三殿左手には神嘉殿《しんかでん》があり、新嘗祭《にいなめさい》が行われる重要な祭場である。

日常的季節的皇室祭祀

賢所では毎朝、男性の掌典(一名)により天皇の祝詞が唱えられ、女性の内掌典数人が潔斎をして「お供米《くま》」を供え、「お鈴」を奉仕し、掌典とともに「お日供《にっく》」(おにぎり・魚・昆布・清酒など)を供える。続いて侍従が内陣で天皇に代わって拝礼(代拝)を行う。毎月一日、一一日、二一日の旬祭は一段と早朝で、天皇自らが拝礼することも多い。掌典や内掌典は皇室の私的な雇用者と見なされ内廷費から支出されるが、侍従は公務員である。年中行事にあたる祭祀には大祭・小祭があり、加えて節折《よおり》・大祓などの神事があり、年に二〇回を超えるのがふつうである。小祭では天皇は拝礼を行うだけだが、大祭では天皇が祭祀を主宰する。大祭は一月三日の元始祭、一月七日の昭和天皇祭、春分の日の春季皇霊祭・春季神殿祭、四月三日の神武天皇祭、秋分の日の秋季皇霊祭・秋季神殿祭、一〇月一七日の神嘗祭《かんなめさい》、一一月二三日の新嘗祭である。

　これらの行事は、天皇家の私的神事であるという建前である。しかし、大祭のうちのいくつかは内閣総理大臣、国務大臣、国会議員、最高裁判事、宮内庁職員らに案内状が出されており、これら国政の責任者や高級官僚らは出席すると天皇とともに拝礼を行う。明らかに国家的な行事として神道行事が行われているが、「内廷のこと」、すなわち天皇家の私事として処理され、国民には報道されない。報道されるのは誕生日等の非宗教的な行事であり、天皇家はモダンな家庭的情景の

宮中三殿．3棟並ぶうち，左から皇霊殿，賢所，神殿
（共同通信社提供）

もとに映し出される。しかし、「昭和、平成の天皇のほうが明治、大正天皇に比べれば、祭祀については厳しかった」(高橋紘『平成の天皇と皇室』一三五ページ)とされる(原武史『昭和天皇』参照)。おおっぴらにはされないが、天皇および天皇家が神道祭祀を厳重に行っていることは、天皇に敬愛の念や強い関心を抱く国民はよく知っているのである。

また、多くの皇室祭祀は伊勢神宮を初めとし、神社本庁に属する全国の神社の祭祀と対応する内容をもっている。神嘗祭と新嘗祭はそれぞれ伊勢神宮と皇室で行われてきた重要な神事だが、明治維新後は双方でともに行われるようになっている。第三章でも述べたように、一九〇七(明治四〇)年から一四(大正三)年にかけて内務省は全国の神社で行うべき年間行事や神事作法を定めたが、その中には皇室祭祀とともに行われるものが多数含まれている。今も神社神道の個々の神社では、皇室祭祀にそった神事がしばしば行われている。第二次世界大戦後に日常的季節的な皇室祭祀がほぼそのまま継続されたことにより、神社界や皇室崇敬の篤い人々にとっては国家神道の聖なる時間と空間の恒常的実在感が保持されたと言ってよいだろう。

戦後の皇室祭祀の諸相

以上、(1)日常的季節的皇室祭祀について述べてきたが、続いてそれ以外の皇室祭祀の諸相についてごくあらましを見ていこう。

(2) 天皇・皇后の葬儀や皇太子らの結婚式の際には、ふだん表に見えない天皇家と皇室祭祀の関わりが多くの国民の目に見えるようになる。そして、こうした行事に神道祭祀が行われることが政教分離に反しないかどうかが大きな論争となる。さまざまな神道祭祀が国家行事的な性格を帯びていることは否定できない。内廷費で処理すること、また国費を用いる「無宗教的」行事との区別を明確にすることで、かろうじて政教分離の建前を維持している状況である。

（3）天皇の神的地位を表す三種の神器は、鏡（八咫鏡《やたのかがみ》）は伊勢神宮に本体が、賢所に「うつし」があり、剣（叢雲剣《むらくものつるぎ》・草薙剣《くさなぎのつるぎ》）は熱田神宮に本体があるが、剣の「うつし」と璽《じ》（八坂瓊《やさかにの》勾玉《まがたま》）は天皇夫妻の寝室の隣にある「剣璽《けんじ》の間」に置かれている。天皇が旅行をするときに剣璽をともに移動させる「剣璽御動座」は一九四六年にいったん廃止されたが、七四年から再び神宮参拝などの折に行われるようになっている。明治以降、根拠を確かめるゆとりもなく定められたものが多い九〇〇近くにも及ぶ陵墓が天皇家の神聖な施設として尊ばれ、学問的な研究が制限されていることについては疑問の声が上げられている。

（4）皇室祭祀があまり「解体」されることなく、今もさかんに行われていても、それは宗教集団としての神社神道とは関わりをもたないものだというのが、戦後の制度の建前である。確かに、皇室と神社の関係は大きく変わった。天皇が公的な資格で神社参拝をしたり、神社祭祀において大きな役割を務める機会は減少した。しかし、伊勢神宮が皇室の祖廟としての性格をもち、宮中の賢所の本体と見なされるのが自然であることは否定できないし、神社組織側はそのことを強調している。天皇が伊勢神宮に参拝することはそれ自体、国家的な神道行事として大きな意味をもつ。二〇年に一度の式年遷宮は伊勢神宮のもっとも重要な神事の一つであるが、これに対する皇室の関与は次第に深まる傾向にある。

年中行事中の重儀とされる三節祭、すなわち神嘗祭と六月と一二月の月次祭《つきなみのまつり》においては、勅使が幣帛《へいはく》を奉納する奉幣《ほうべい》の儀が行われる。その際、かつての「斎王《いつきのみこ》」（神事に携わるべく伊勢神宮や賀茂神社に派遣された未婚の内親王または女王〔親王の娘〕）に類比される役割を、皇族または皇族出身の女性（一九八八年以降は池田厚子）の「神宮祭主」が務めている。さらに一九七四年以来、天皇の伊勢神宮参拝には剣璽御動座が伴うことにもなった。公費を用いず、私事として天皇家の神事を行うという範囲で、実は皇室が神社神道に関わる行事が数多く行われている。

皇室祭祀の制度枠組

（5）戦前の皇室祭祀の法的根拠は、皇室典範や皇室令にあり、それらは第二次世界大戦後に撤廃されたが、新たな皇室制度の下でも、実質的に従来の皇室令の一部である皇室祭祀令（一九〇八年）や登極令（一九〇九年）が規範となり、政教分離原則にふれないかぎりでその規範に従うこととなった。これは新憲法の施行の際（一九四七年五月三日）に宮内府文書課長名で出された「事務取扱に関する通牒」に由来する。そこでは、「従前の規定が廃止となり、新しい規定ができていないものは、従前の例に準じて事務を処理すること」とされた。高橋紘によれば、このため「祭祀は大祭だった紀元節祭と小祭の明治節祭がなくなっただけで、基本的には変わっていない。この両日も三殿臨時御拝という形で非公式に参拝している」。昭和から平成の代始の諸儀式も、「政教分離の原則に配慮しながら、ほぼ旧登極令に沿って行われた」(『平成の天皇と皇室』一三三ページ)。

政教分離の原則に配慮する際のわかりやすいやり方は、国事行為と私的行為を分けることである。神道的な実践は国事行為に入れることを許容せず、私的行為の範囲内で処理するというものである。しかし、「もともと日本側は天皇の公私の弁別が不可能に近いことをはっきり認識していた」(大原康男『神道指令の研究』一六一ページ)。このような背景の下に、一九七〇年代に入り、国事行為でもなく私的行為でもない「象徴としての公的行為」という範疇が考えられるようになり、神道的な公的行為の範囲を拡充して許容する論拠とされるようになっている。

2　神社本庁の天皇崇敬

民間団体となった神社神道

神道指令によって神社神道は国家機関としての地位を失い、制度史的な意味での「国家神道」(国家の祭祀を担う公的な施設・聖職者〔神社・神職〕の集合体)ではなくなった。全国の神社群が民間団体として再組織化を行い、初めて神社本庁という名の宗教教団となった。しかし、神社本庁は民間の神社信仰をすくいあげてまとめるというよりは、国家と天皇を主要な主題とする政治的宗教団体として発展していく。神社本庁は皇室祭祀に高い意義を与える国家神道的な信念を宗教的な柱とし、神道的な意義をもった天皇崇敬や天皇と神社の連携強化を目指すようになる。民間の神社神道の充実に意を用いつつも、それにもまして国民生活の中での国家神道、とりわけ皇室祭祀や天皇崇敬の地位を高めることに多大な力を注ぐ宗教教団としての活動を重視していくことになる。

神社神道というと全国のさまざまな神社が念頭に浮かぶだろう。そこでの人々(崇敬者)の参拝の心意を考えると、必ずしも天皇崇敬が基軸をなしているものではないと想像されよう。しかし、神社本庁という教団組織においては、天皇崇敬、皇室崇敬および伊勢神宮崇敬がきわめて重い地位を占め、信念体系の基軸となっている。その経緯と信念体系の教義的叙述についてかんたんに目を通そう。

そもそも当初より「無教義主義」を標榜する人々が有力だった神社本庁だが、その一方で統一的な「標準」をもうける必要があるとの考え方があった(神社新報社編『神道指令と戦後の神道』、神社本庁中央研修所編『神社本庁史稿』)。教義にあたるこの「標準」については、一九四六(昭和二一)年二月の設立時の「庁規」にその原型があり、四七年六月には「教義調査取扱要項」が定められ、六三年には本庁内の神社審議会により「標準解釈樹立のための要項」が作られ、七〇年には教学研究室が設けられ、八〇年には「神社本庁憲章」が制定された。その冒頭の三条には、神社本庁の信念体系の基軸となるものが凝縮された形で示されている。

第一条　神社本庁は、伝統を重んじ、祭祀の振興と道義の昂揚を図り、以《もっ》て大御代《おおみよ》の弥栄《いやさか》を祈念し、併せて四海万邦の平安に寄与する。

第二条　神社本庁は、神宮を本宗と仰ぎ、奉賛の誠を捧げる。

2　神社本庁は、神宮及び神社を包括して、その興隆と神徳の宣揚に努める。

第三条　神社本庁は、敬神尊皇の教学を興し、その実践綱領を掲げて、神職の養成、研修、及び氏子・崇敬者の教化育成に当る。

神社本庁教学研究室が編集した『神社本庁憲章の解説』(一九八〇年)は、第一条の「大御代の弥栄を祈念」という箇所について、次のように記している。

神社本庁憲章の天皇崇敬・神宮崇敬

祭祀の振興、道義の昂揚により、究極的に目指すところは大御代の弥栄である。
世治まり民やすかれといのるこそ我が身につきぬ思ひなりけり(後醍醐天皇、続後拾遺集)
ちはやふる神ぞ知るらむ民のため世をやすかれと祈る心は(明治天皇、明治二十四年)
わが庭の宮居に祭る神々に世の平らぎをいのる朝々(今上天皇(昭和天皇——島薗注)、昭和五十年)
畏れ多くも、御歴代の天皇民の為にかく祈り給ふ。億兆かゝる聖慮に応へ奉る為には、ひたすら大御代の弥栄を祈念申し上げることこそ、神社祭祀の本義でなくてはならぬ。(神社本庁教学研究室編『神社本庁憲章の解説』二五ページ)

第二条は伊勢神宮こそすべての神社の上位に立つ「本宗」であることを示したものだが、『神社本庁憲章の解説』は次のように述べている(「神宮」は伊勢神宮を指す)。

八百万の天神地祇のなかで、天照大御神が至尊の神であらせられ、神宮が天皇御親祭を本義とされることは記紀によっても明らかである。また古語拾遺にはその御神徳を、
天照大神は惟れ祖《こ》惟れ宗にましまして、尊きこと二無《ならびな》く自余の諸神は乃ち子乃ち臣に

ましまして孰《いずれ》か能く敢て抗《あた》らむ

としてゐる。

故に全国神社を包括する「神社本庁」が挙《こぞ》って神宮を本宗と仰ぎ奉るのである。また全国神社の氏子・崇敬者に、朝夕神宮を敬拝する御璽としての神宮大麻を、包括下の神社の神職が頒布することになったのである。（同前、二七ページ）

たとえば初詣や無病息災を祈って神社参拝をしている多くの崇敬者の心情とはかなり隔たると思われるが、ここでは天皇崇敬、伊勢神宮崇敬が強く打ち出されている。伊勢神宮と天皇の下に全国の諸神社は統合されるべきことが示されている。このような神道信仰のあり方は、明治維新以降に形成された国家神道的な神道を標榜するものと言ってよい。国家をある方向で精神的に方向づけることが主目標とされているから、きわめて政治的な宗教性である。神社本庁は全国の神社を傘下に結集しつつ、国家神道を自らの信条として掲げる政治的志向をもった宗教団体として活動してきているのである。

神社本庁が取り組んできた運動

このことは神社本庁が主たる推進者の一つとして積極的に進めてきた、多くは政治的な諸運動を振り返ることによっても確認できる。神社本庁の機関紙である『神社新報』を刊行している神社新報社は『近代神社神道史』という書物を刊行しているが、その後編「神道指令以後の神社界の活動」はそうした政治運動の最初のものを「神宮の真姿顕現運動」とよんで、次のように書き出している。

戦後の神社界が、神道指令に毒された日本人の精神気流を転回させるべく努めたその第一の運動は、伊勢の神宮に対する国の姿勢を正させる、いはゆる神宮制度是正の運動であった。伊勢の神宮(正式には「神宮」)は、いふまでもなく皇祖親授の御鏡を奉祀する天皇祭祀の宮社であり、その皇室・国家との関係は、遠く古代から大東亜戦争の占領時代に至るまで二千年にわたって、いささかも変ることのなかったものである。この大切な神宮が占領軍の政策によって、その皇室および国家との公的関係を断たれ、戦後は単に民間の一私法人として取扱はれるやうになった。それが神宮の本質を損ふものであることはいふまでもなく、占領が解除されたのち神宮の本質恢弘・真姿顕現の国民要望が出てきたのは当然のことであった。これがすなはち神宮制度是正の運動であり、それは結局、昭和三十五年十月、当時の政府、池田首相の回答によってその運動目標の精神的中心点――皇位と神宮との不可分の関係――を明確にさせる成果をかち得ることができた。(神社新報社編『増補改訂 近代神社神道史』二七七ページ)

これに続いて、この書物が記述していくのは、「紀元節復活運動」「「剣璽御動座」復古の運動」「靖国神社国家護持の運動」であり、続いて「相次ぐ政教問題の混乱」の項で「津地鎮祭訴訟」と「自衛隊と神道」が取り上げられている。これらはすべて政教分離の憲法問題に関わっており、国家機関が伊勢神宮や靖国神社の神事に、また天皇の神聖性に関与することを許容するように求めるものである。『近代神社神道史』は神社本庁が主導した事柄として、「国民精神昂揚運動」(一九六七年)、「神社本庁時局対策本部」(一九六九年)、「神道政治連盟」の発足(一九六九年)についても記述している。そして、神道政治連盟(神政連)の運動の成果として元号法制化運動(一九七二—七九年)が、また「天皇(皇室)の尊厳護持運動」(一九七三年以降)があげられている。

天皇崇敬の強化を目指す

このように神社本庁は政治運動に大きな力を注いでおり、第二次世界大戦後の天皇の地位をめぐる政治的争点をめぐって、目立った働きをしてきた勢力として認知されている。アメリカの政治学者のケネス・ルオフは、第二次世界大戦後の日本では、天皇の政治的機能を中立的な性格のものにとどめつつ君主制を維持していこうとする象徴天皇制の考え方が次第に定着していったと論じている(『国民の天皇』)。そのような趨勢の中で、宗教的動機を背景に、つねに天皇の政治的機能の強化を主張してきたのが神社本庁であるという。神社本庁は、国民の多数派が合意している象徴天皇制よりも天皇の地位を高めようとする政治運動の代表格だが、ルオフは元号法案の成立に向けて地方議会に働きかける運動について、「七七年から七九年にかけ神社本庁の本部はまるで作戦指令室のようになった」(同前、二六七ページ)と述べている。

神社本庁の運動が天皇の地位の強化やナショナリズムの昂揚にどれほど貢献したかについて、ルオフの評価は微妙である。靖国神社護持運動や不敬罪の復活が失敗に終わったことを例にあげて、「神社本庁のような団体は主流の右に位置しており、そのため彼らのキャンペーンの多くが失敗に終わっている」(同前、二五九ページ)と述べている。他方、建国記念の日の制定(紀元節復活運動の結果)や元号法案の制定に成功した例をあげて、次のようにも述べている。

私は戦後日本の国家の状態が中立的だとは思わない――日本は右寄りに動いていったのである。(中略)神社本庁の考え方は左派政党は言うまでもなく、自民党の考え方ともしばしば食い違う。米国の最右派団体、キリスト教連盟と同じように、神社本庁は個々の市民と国家との間に位置する市民社会の中に確固たる位置を占めている。そして八〇年代後半から九〇年代にかけてキリスト教連盟が活躍したように、神社本庁もいくつかの綱領に関しては幅広い支持を得られる力を持つことを実証したのである。(同前、二七四―二七五ページ)

いずれにしろ神社本庁は政治勢力としてたいへん目立った活動をしており、その政治目標はナショナリズムを昂揚させつつ天皇崇敬を盛り上げ、国家神道を興隆させることにある。ちなみに『近代神社神道史』の叙述を見ると、後編「神道指令以後の神社界の活動」のおおかたが天皇崇敬昂揚と国家神道興隆の政治運動の記述にあてられている。

3　地域社会の神社と国民

氏子にとっての神社

地域社会での神社の日常的な宗教活動は、けっしてこのような政治運動を中心としたものではない。たとえば、戦後における神社神道の宗教活動を論じた石井研士の『戦後の社会変動と神社神道』(一九九八年)を見れば、かなり異なる神社神道の像が浮上してくる。表1は東京都下の神社へのアンケート調査に基づくもので、神社と氏子を結びつける活動を一〇列挙し、実態を尋ねた質問への回答である。地域との結びつきが緊密な氏神神社に限定した分析だが、三六一社に対して、二六九通の回答を得たものである(同前、一九四ページ)。

回答項目に他の内容を入れることもできたと思うが、天皇崇敬や伊勢神宮崇敬に関わる内容をあげるとしても、盛んであるという答えはそれほど多くはならないだろう。また、次の表2は、神社の縁が地域社会の中で担う役割がどのようなものであると認識しているのかを複数回答で尋ねたものである。

このような役割の側面から神社神道の歴史を叙述することもできるだろう。しかし、『近代

表1　神社の行う活動(盛んである割合順)

23区		三多摩	
1. 初詣	74.2%	1. 初詣	77.3%
2. 厄年や厄除け祈願	50.6	2. 厄年や厄除け祈願	53.3
3. 地鎮祭・上棟祭・竣工祭	44.1	3. 初宮参り	52.0
4. ホテルや結婚式場での結婚式	29.0	4. 七五三参り	52.0
5. 初宮参り	26.4	5. 地鎮祭・上棟祭・竣工祭	49.4
6. 節分	25.9	6. ホテルや結婚式場での結婚式	33.4
7. 七五三参り	19.9	7. 節分	18.7
8. 成人式	4.3	8. 神社での結婚式	5.3
9. 神社での結婚式	3.8	9. 入学・卒業の奉告	3.3
10. 入学・卒業の奉告	2.2	10. 成人式	2.6

(出典)石井研士『戦後の社会変動と神社神道』

表2　神社の緑の地域社会での役割(複数回答)

こころの安らぎを与える	210(78.1%)
季節感を与える	157(58.4%)
自然との触れ合いの場所として	131(48.7%)
子供の遊び場として	90(33.5%)
防災の避難場所として	79(29.4%)
人々の集いの場として	77(28.6%)
地域住民の集会場所として	58(21.6%)
その他	14(5.2%)

(出典)石井研士『戦後の社会変動と神社神道』

神社神道史』や『神社本庁史稿』の叙述は、地域社会における神社についてではなく、国家における神道の地位に関わる出来事の叙述に終始している。戦後の神社神道は民間の宗教教団となることによって、国家機関としての政治的機能よりも地域社会の神社としての機能に力点を移した。しかし、神社神道の統合団体である神社本庁は、戦前の国家神道的な神社の地位とあり方を引き継ぎ、国家における政治的機能に力点を置いた活動形態を選んできている。

神社神道がもっているさまざまな可能性

神社本庁の歴史記述で、地域社会の中での神社の日常的機能の側面が隠れ、政治的活動が目立って見えるのはなぜか。それは神社本庁が戦前の国家的神社組織からの落差に苦しみ、当初から国家統合的な機能の回復に関心を集中してきたことによるだろう。つまり、国家神道が国民生活に深く浸透していた時代の神社の地位を範型とし、それを奪い去った神道指令と占領軍、そして戦後の知識人に対する強い批判の意識に動機づけられ、国家神道の興隆に関わる多くの運動をその中心的課題とし続けてきたのだ。

もっとも神社本庁がこのような方向に舵をとったからと言って、戦後の「神社界」が政治的な運動体としていつも一致団結していたというわけではない。神社界の中にも、神社や神道の特徴を国家統合的機能に見るのではなく、むしろ自然との親しみや地域社会での活動などに見ようとする人々は少なくなかった。そうであればこそ、神社本庁の中にも地域社会の中の小規模神社への配慮を重視する動きもあった。一九七六(昭和五一)年の『神社本庁史稿』は次のように述べている。

神社本庁は、わが国の独立後、占領中の法制を改めることを通じて信仰の歪みを正すべく努力を重ねて来た。と同時に激変を続ける時代にあつて神社界の向ふべき所を示すとともに、時代の変化に即応し得ずして疲弊して行く神社の救済更正にも努力を重ねたのである。すなはち、昭和三十一年には、敬神生活の綱領を公表して斯界人の心を一つにすべく努めた。教義を有せぬ神社神道にあつて団体を結成して来た神社本庁の信仰的実践の方向を示すものとして、現在ではこの綱領は定着してゐる。(神社本庁中央研究所編『神社本庁史稿』四二ページ)

「敬神生活の綱領」は「神道は天地悠久の大道であつて、崇高なる精神を培ひ、太平を開くの基である。/神慮を畏み祖訓をつぎ、いよいよ道の精華を発揮し、人類の福祉を増進するは使命を達成する所以である」と書き出されている。ここでも天皇崇敬を示唆する「大御心《おおみこころ》」への言及はあるものの、国家神道的なニュアンスはあまり強くはない。神社神道はこうした側面を展開していく方向性も豊かにはらんでいる。

しかし、宗教教団としての神社本庁は国家統合的機能の強化に力を入れることになった。戦前の神社界は「宗教」ではなく「祭祀」という位置づけを与えられ、国家機関であるが故に布教の自由を奪われていた。その体制から解放され、新たに「宗教」としての活動を行おうとした設立当初の神社本庁の一部にあった志向（たとえば、「神祇庁（仮称）設立趣意書」一九四五年一一月、神社本庁教学部調査課編『神社本庁五年史』七―八ページ、神社新報社『神道指令と戦後の神道』八三ページ）とは異なる方向を選んできたのだ。

「国体護持」のゆくえ

天皇への崇敬心を尊んだのはもちろん神社関係者だけではない。地域住民にも戦前からの天皇崇敬心を維持する人々は少なくなかった。そもそも、ポツダム宣言も「国体護持」を条件として受諾したのだと受けとる人は少なくなかった。天皇の決断による戦争終結によって、軍国主義・全体主義の責任者が罰せられ、国民にも累は及ぶかもしれないが、ともかく「国体」は「護持」されたらしいと感じる国民が多かった。実際、皇室祭祀は維持されたし、教育勅語も国会で失効が確認されたのはようやく一九四八年になってからだった。そしてその後も、教育勅語を支持する言説は根強く続いている。

神道指令が国家神道の廃止を謳いながら皇室祭祀には手をふれなかったことは、この章の冒頭に述べたとおりだが、実際、「天皇の祭祀」が保存されることになれば、天皇の神聖視が続くのではないかと懸念された。一九四六年一月一日のいわゆる天皇の「人間宣言」（「新日本建設ニ関スル詔書」）は、神道指令では不十分かもしれないと感じられた国家神道解体策を補うものという意味をもったものである。

この詔書が「人間宣言」とよばれる要の部分を見よう。

朕《ちん》ト爾等《なんじら》国民トノ間ノ紐帯《ちゅうたい》ハ、終始相互ノ信頼ト敬愛トニ依リテ結バレ、単ナル神話ト伝説トニ依リテ生ゼルモノニ非《あら》ズ。天皇ヲ以テ現御神《あきつみかみ》トシ、且《かつ》日本国民ヲ以テ他ノ民族ニ優越セル民族ニシテ、延《ひい》テ世界ヲ支配スベキ運命ヲ有ストノ架空ナル観念ニ基クモノニ非ズ

ここで否定すべき観念とされているものは、神道指令において「軍国主義的乃至過激ナル国家主義的「イデオロギー」」とよばれていたものと関わっている。神道指令の後半部には、これが何を指すのかについての定義的な説明もあった。以下のとおりである。

本指令中ニ用ヒラレテヰル軍国主義的乃至過激ナル国家主義的「イデオロギー」ナル語ハ、日本ノ支配ヲ以下ニ掲グル理由ノモトニ他国民乃至他民族ニ及ボサントスル日本人ノ使命ヲ擁護シ或ハ正当化スル教へ、信仰、理論ヲ包含スルモノデアル

(1) 日本ノ天皇ハソノ家系、血統或ハ特殊ナル起源ノ故ニ他国ノ元首ニ優ルトスル主義

(2) 日本ノ国民ハソノ家系、血統或ハ特殊ナル起源ノ故ニ他国民ニ優ルトスル主義

(3) 日本ノ諸島ハ神ニ起源ヲ発スルガ故ニ或ハ特殊ナル起源ヲ有スルガ故ニ他国ニ優ルトスル主義

(4) ソノ他日本国民ヲ欺キ侵略戦争へ駆リ出サシメ或ハ他国民ノ論争ノ解決ノ手段トシテ武力ノ行使ヲ謳歌セシメルニ至ラシメルガ如キ主義

天皇の「人間宣言」はこの(1)の文言にそったものであるはずだったが、しかし、折衝の過程で日本側の意向が通って微妙な変化があった。天皇の側近の侍従職にあった木下道雄によると、「神の裔」という「架空ナル観念」を否定するというGHQ側の原案に対して、木下が「現御神」という「架空ナル観念」を否定するという文言にかえるよう示唆し天皇もそれに同意したという(『側近日誌』八九―九〇ページ)。もし、そうだとすると、天皇は神の子孫だという国体論の重要な一角は「護持された」ことになる。

国民の天皇崇敬の持続

国民生活の次元でも、「国体護持」のために実際に取りうる方策はいろいろあった。国民が国家神道の形式や内容をそうやすやすと手放そうとしなかった例を拾えばきりがないが、ほんの一端を示しておきたい。天皇は一九四六年、四七年に全国各地を巡幸したが、全国各地で熱烈な歓迎を受けた。また、四八年からは正月元旦と二日に皇居への一般参賀(当時、国民参賀)と二重橋の開放が行われるようになり、初年は約一六万人が集まった。同年四月二九日の天長節(翌年から、天皇誕生日に改称)には天皇が国民の前に姿を現したが、この時は約三五万人が集まった。五三年一月二日には約六〇万人が参賀するに至っている。

教派神道や新宗教の宗教団体の中には、戦前の国家神道的な天皇崇敬を引き下げる団体もあったが、何とかそれを維持しようとする団体もあった。一例として最盛期には一万人を超える信徒がいた修養団捧誠会《ほうせいかい》という新宗教教団について紹介しよう（島薗進『時代のなかの新宗教』）。この教団の教祖は、栃木県安蘇郡界《さかい》村高萩（現・佐野市）出身の出居《いでい》清太郎《せいたろう》（一八九九―一九八三）である。少年時代、貧困に苦しんだ清太郎は東京で郵便局に勤めるうちに病気がきっかけで天理教に入信した。だが、やがて天理教から分派した天理本道《ほんみち》に加わり、昭和初期には天皇批判の言動によって警察の取り締まりを受け、あわせて二年の獄中生活を送る。出所後、一九三八年頃から独自の信徒集団が形作られ四一年に教団としての体裁を整えるが、そのときには清太郎は天皇崇敬の立場に変わっていた。「いのちの親様」を信奉し、心を清めることで幸福を実現することを目指すが、癒しやご利益を求めるための信仰にとどまることを厳しく誡《いまし》めもする。その信仰と国家神道的な天皇崇敬が結びついた信仰世界が形成された。

　信仰活動として重んじられるのは祈りだが、教団発足前後に神示によって定められた「誓《いのり》の辞《ことば》」（後、「誓の詞」に表記を変える）が主要なものだ。その毎朝の「誓の辞」は「挂文畏《かけまくも》き　皇祖皇宗《すめみおや》の御前《みまえ》に謹み拝《おろが》み曰《もう》さく　豊葦原の瑞穂の国は　天璽《あまつしるし》の照りに照る惟神《かむながら》の国　言霊《ことだま》の幸《さきわ》ふ国と畏みてみ民われ生ける験《しるし》あり」と始まっている。これをみると国家神道の信仰内容に従っているようだが、それに続く部分では、国家を超えた普遍的な神による救いの教えが語られ、「天地《あめつち》の恵豊けく極みなく　光洽《あまね》き現世《うつしょ》に神の子として生ませ給ふ　この真理《ことわり》を　今此に　心の真底《そこ》より悟りつゝ」と、神と個人の関係に焦点が合わされている。そして、「親子、兄弟姉妹《はらから》、親族家族《うからやから》、諸人等《もろびとたち》に至るまで　己を虚《むな》しくして　争ふことなく　親しみ交《かわ》し、徳を一つに心を結び」と普遍的な愛の道徳(万霊万物尊愛)の実践を促す。毎夕の「誓の辞」はシンプルで、以下のようなものだ。

今日一日のお蔭を身に沁み心の真底《そこ》より喜びの御礼を謹み敬ひ申上げ奉る

朝夕の願ふ心に偽りは更になきことを誓ひまつらむ

このように祈りの主要な内容は宇宙的でかつ身体および細部にこそ宿る神と個人の間で交わされるものだが、その中に日本の天皇や皇祖神に関わる表現が入り込んでいるのだ。

持続する国家神道

第二次世界大戦終結後、出居清太郎は「悠久世界平和」を高く掲げるようになるが、占領軍により規制されていたにもかかわらず、日の丸掲揚や君が代斉唱については断固として実践し続けた。また、「誓の辞」については漢字表記をすべてひらがな表記にしたものの、音声上は一切変更しなかった。「皇祖皇宗」は「すめみおや」、「大御心」は「おおみこころ」、「皇国」は「すめらみくに」、「惟神の国」は「かむながらのくに」と表記し、解釈するときには国家神道的な意味を除くか和らげるようにした。

最初期の信徒であり、初代の会長を務めた元陸軍中将の上野良亟《よしつぐ》は、一九五二年頃にまとめた「教義の通俗的説明」という文章で次のように述べている(島薗進「新宗教と敗戦・占領」)。

――「皇祖皇宗《すめみおや》」というのは字義通り解釈すれば皇室の先祖を指すが、「誓の辞」の場合はそれだけを意味するのではなく、もっと広い意味がある。「此の大宇宙は広大無辺で実に「すみきつた」ものであり、且つ人間の頭では考えられない偉大なる力を備えて居るものであり」、その大宇宙を創造した「大御親《おおみおや》」を意味する。唯一絶対の神という意味があるのだ——。国家神道から脱皮し普遍的な救済を説く教えの立場から解釈されているが、国家神道をなお尊ぼうとする者にとってこの「誓の辞」は親しみやすいものだろう。

事実、この教団のメンバーには自由と平等を高らかに唱え民主国家建設に希望をもつようなタイプの人々も含まれたが、どちらかと言えば、伝統的な道徳性を尊ぶ保守的な傾向の人々が、したがって天皇に対する敬愛の念を保持しようとする人々が多かった。一九七九年から九八年にかけて、毎年、教団の数十人のメンバーによる皇居の勤労奉仕が毎年行われていたのはそのわかりやすい現れだ。

この教団とメンバーの多くは、一九四五年までに身につけてきた国家神道的な宗教性を強く否定するような機会をもたなかった。確かに教団は自立した救済宗教教団としての性格を備えて戦後に発展をとげていくのだが、天皇崇敬や国体論的な心性を濃厚に保ち続けもしたのだ。

以上、戦後の新たな制度枠組と民心の両面から見てきたが、第二次世界大戦後の国家神道はたとえ「解体」されたとしてもけっして消滅したわけではなかった。戦後の国家神道は二つの明確な座をもっていた。一つは皇室祭祀であり、もう一つは神社本庁などの民間団体を担い手とする天皇崇敬運動である。前者は見えにくい形で隠れているが現存の法制度の中での国家神道の核であり、後者はその核を見据えつつ国家神道的な制度を拡充していこうとする団体や運動体である。さまざまな政治・宗教・文化団体があり、さらに広く国民の間にゆきわたっている天皇崇敬や国体論的な考え方・心情がある。これらに支えられつつ、国家神道は戦後も存続し続けて今日に至っているのだ。

4　見えにくい国家神道

正面からの天皇崇敬の主張

第二次世界大戦後も国家神道は存続している。神社神道の関係者以外に、堂々と国家神道的な主張を唱える学者や論客もいる。ここでは、京都大学教授で政治学を専門とする中西輝政の発言を紹介しよう。慶応大学教授で批評家の福田和也との対談で、中西は自らの天皇崇敬の心情を率直に語っている。

日本ではつねに「正直できれいな心」「裏表のない心根」という、独特な心のあり方が求められる。（中略）そしてこうした「日本のこころ」のあり方を、目に見えるかたちでもっともはっきりと示すもの、それが「天皇」なのである。（中西輝政「序章　なぜ日本に天皇という存在が必要なのか」一八―一九ページ）

戦後間もない頃、和辻哲郎は「国体」論を模様替えしたような語り口で、「文化共同体としての国民」の統一性を天皇が「象徴」するのだと論じた（『国民統合の象徴』一九四八年）。これを踏まえて、三島由紀夫は『文化防衛論』（一九六九年）において「文化概念としての天皇」について論じた。これに対して、中西は天皇は「日本文化の保護者」であるにとどまらず、「宗教的な存在」なのだという。

中西は自らの信仰を披瀝する。「天皇の系譜をたどれば神話にまで行きつく。その天皇が、日本国の繁栄と国民の幸せを祈って日夜祭祀をなさっておられる」。だからこそ、天皇は日本という国家を体現し国民を統合する役割を果たすことができるのだ。それはたんに「文化」の事柄ではなく、「大きな意味での政治そのものであり、まさに国家を指導する営み(まつりごと)といわなければならない」。そしてこれこそが、「古代につながる天皇の究極の存在理由」なのであり、「だからこそ皇室は尊い」のだ。現代日本人はこのことを忘れているが、これこそ国民にとってもっとも重要なことであり、つねにかわらぬ「日本のこころ」なのだ(同前、三〇―三二ページ)。

日本国民である限り、宗教であり政治でもあるような「祭祀」「まつりごと」に関わっている存在として、天皇を尊ぶべきだという主張だが、一九四五(昭和二〇)年以前であればこのような言説は珍しくなかった。しかし、戦後はこのような言説は強い批判を招かざるをえないものだった。市民の自由を抑圧する政治体制を招きかねないものとの懸念が生じたからだ。

大嘗祭訴訟判決と国家神道

中西輝政は皇室祭祀が公的な機能をもっていることを認めている。つまり、現代日本で国家神道は公的機能を保持していること、それをさらに強めるべきであることを唱えるものだ。この認識は、日本では厳格な政教分離が制度化されており、国家神道は過去のものとなっているという判断とは真っ向から対立するものである。一九八九(平成元)年の現天皇の大嘗祭の際の、地方自治体からの公金支出を争点とする「大嘗祭訴訟」の一つ、大分大嘗祭訴訟の地裁判決(一九九四年六月三〇日)は、日本国憲法等の文書をあげた上で、次のように述べている。

右のように、昭和天皇の人間宣言及び日本国憲法により、天皇の神性が否定され、天皇は日本国及び日本国民統合の象徴とされたのであるが、戦後四〇年余の間に、天皇は日本国及び日本国民の象徴であるとの思想は広く国民の間に浸透し定着しているものとみられるのであり、現在では一般的かつ大多数の国民の意識としては、天皇の神性を基礎として、天皇がすべての価値体系の根源であるとの意識は、もはや存在しなくなっているということができ、国家神道の基盤となった思想・観念は消滅したものということができる。もっとも、国家神道の基盤となった思想のうち、儒教思想に基づく封建的忠誠の観念、日本人の宗教的伝統に根ざす祖先崇拝の観念等は、永きにわたった日本人の伝統的思考様式であったこともあり、未だ多くの人々の意識の中に残存していると考えられるが、これらはその宗教性を基礎づけていた天皇の神聖絶対性と切り離してみた場合、もはや宗教というよりも単なる道徳的・倫理的観念とみられるのである。

この判決文は「国家神道の基盤となった思想・観念は消滅した」と述べるのだが、その根拠は今ひとつはっきりしない。「天皇がすべての価値体系の根源」であるとか「天皇の神聖絶対性」とかいう語句は、一九三一年の満州事変以後の時期についてはある程度、あてはまるかもしれないが、戦前の国家神道の全体を表現するものとは言えない。神道指令が指示したように「国家神道」が廃棄されたということを前提とすると、かなり無理な論理構成をせざるをえなくなる。現代の憲法学において、国家神道をどのように捉えるか、長期にわたってとまどいが続いているのも、こうした誤認と関わりがある（平野武『政教分離裁判と国家神道』）。

国家神道と「自然宗教」

『日本人はなぜ無宗教なのか』（一九九六年）を著した阿満利麿《あまとしまろ》は、実は日本人は「無宗教」ではない、確かに教祖が唱えた教えに基づく「創唱宗教」への親しみは薄いかもしれないが、「自然宗教」への親しみは深いのだ、と論じている。

「自然宗教」とは、文字通り、いつ、だれによって始められたかも分からない、自然発生的な宗教のことであり、「創唱宗教」のような教祖や教典、教団をもたない。「自然宗教」というと、しばしば大自然を信仰対象とする宗教と誤解されがちだが、そうではない。あくまでも「創唱宗教」に比べての用語であり、その発生が自然的で特定の教祖によるものではないということである。あくまでも自然に発生し、無意識に先祖たちによって受け継がれ、今に続いてきた宗教のことである。（阿満利麿『日本人はなぜ無宗教なのか』一一ページ）

具体的に「自然宗教」とは何かというと、「ご先祖を大切にする気持ちや村の鎮守にたいする敬虔な心」を指すという(同前、一五ページ)。初詣やお盆行事、春秋の彼岸の墓参りなどの年中行事はそのよい例だ。「日本人は年々歳々同じ行事を繰り返しながら、いつしか「自然宗教」に同化されているともいえる」という(同前、一六ページ)。

この二分法は便利だが、これで日本人の宗教性の全体を描くとなるとやや心細い。「国家神道」は「創唱宗教」と「自然宗教」のどちらにも入れられないものだが、日本人の宗教生活においてきわめて大きな位置を占めてきたからだ。少なくとも戦前についてはそうだった。だが、戦後についてはそうではないだろうか。

ここまで見てきたように、現代日本人にとって「国家神道」は見えにくいものになっており、そのためにさまざまな混乱が生じている。日本人論という形をとって「日本人とは何か」という問いが際限なく繰り返されるのもこのことと関わりがありそうだ。戦後の日本人は宗教的なアイデンティティが不明確だからこそ、この問いを繰り返していると見ることもできる。

「象徴」と「国体」

少なくとも、戦前には日本の国民精神の基盤について、教育勅語があり天皇崇敬の儀礼システムがあり、「国体」があるという共通認識があった。「国体」と日本人の関係について『尋常小学修身書』(一九二七年)では三年生用(巻三)の最終課(「第二十七 よい日本人」)で「よい日本人となるには、つねに天皇陛下・皇后陛下の御徳をあふぎ、又つねに皇大神宮をうやまつて、ちゆうくんあいこくの心をおこさなければなりません」と説いている。五年生用（巻五）では、第一課が「我が国」と題され、「我が国は皇室を中心として、全国が一つの大きな家族のやうになつて栄えて来ました」、「世界に国は多うございますが、我が大日本帝国のやうに、万世一系の天皇をいたゞき、皇室と国民が一体になつてゐる国は外にはございません」と述べ、「我等はかやうなありがたい国に生まれ、かやうな尊い皇室をいたゞいてゐて、又かやうな美風をのこした臣民の子孫でございますから、あつぱれよい日本人となつて我が帝国のために尽さなければなりません」とまとめていた。「国体」論による「日本人」としての自己認識が強固に植えつけられていたのだ。

「教育勅語」と天皇崇敬の儀礼システムと「国体」のうち、「教育勅語」はほとんど用いられなくなった。天皇崇敬の儀礼システムは、神社神道が国家と切り離され、国民の日常生活とはだいぶ遠いものになったものの、なお皇室祭祀は残っている。では、「万世一系の天皇」をいただく「国体」はどうなったか。「国体」はどこまで「護持」されたのか。

大日本帝国憲法の第一条は、「大日本帝国ハ万世一系ノ天皇之ヲ統治ス」となっていたが、日本国憲法第一条は、「天皇は、日本国の象徴であり日本国民統合の象徴であつて、この地位は、主権の存する日本国民の総意に基く」となっている。民主主義体制の下での天皇の地位を「象徴」という語で示すについては、天皇の地位を保つことをよしとするアメリカの知日派や日本国内の著名な学者の働きかけがものを言ったのではないかと論じられている（中村政則『象徴天皇制への道』）。

「天皇不親政の伝統」という論

和辻哲郎は一九四六年の初め頃、「国体」について憲法学者、佐々木惣一と論争し、祭祀の統合機能を強調しつつ次のように述べていた（『国民統合の象徴』）。

> 天皇が日本国民の統一の象徴であるということは、日本の歴史を貫ぬいて存する事実である。天皇は原始集団の生ける全体性の表現者であり、また政治的には無数の国に分裂していた日本のピープルの「一全体としての統一」の表現者であった。かかる集団あるいはピープルの全体性は、主体的な全体性であって、対象的に把捉することのできないものである。だからこそそれは「象徴」によって表現するほかはない。その象徴はいろいろなものであり得るであろうが、わが国民は原始的な祖先が人類通有の理法に従って選んだ象徴を伝統的に守りつづけたのである。ここに我々は天皇の担う中核的な意義を看取することができる。（和辻哲郎『国民統合の象徴』（『和辻哲郎全集』第一四巻、三六四ページ）。傍点原文通り）

和辻だけでなく戦後の天皇論では、政治的な権力を行使せずもっぱら祭祀によって人々の安寧を祈る存在という天皇像が描かれることが少なくなかった。石井良助の『天皇』が代表する天皇不親政論はその代表的なものだ。古代以来、天皇は例外的な時期を除いて、直接政治に関わることがなかった。天皇が強大な権力をもつことになっていた大日本帝国憲法は、こうした伝統と齟齬を来すものだった。象徴天皇こそ不親政の伝統と合致するものだと論じられる。赤坂憲雄はこのように祭祀者としての天皇が強調されることと、「象徴」としての天皇という概念には密接なつながりがあると論じている（『象徴天皇という物語』）。そこでは祭祀を通して大きな政治的機能が果たされることが隠されがちだ。祭祀や儀礼とよばれるがそれはまた宗教であること、天皇親政ではなくても天皇親祭が政治的機能をもつことに目をつぶる傾向があった。

政治的には何も行わない天皇が中心に位置するということから、日本社会は「空虚な中心」によって統合されているという議論が人気をよぶ。赤坂は天皇不親政論の源流として取り上げられることが多い福沢諭吉の『帝室論』（一八八二年）に「虚器」とか「虚位」という語が用いられていることに注目している。皇室は政治には携わることなく、すべてを統括する機能を果たす。直接国民の「形体」にふれることなく「精神」を「収攬」しえている。これはすぐれたシステムではないかと福沢は論じていた。

空虚な中心？

その後、およそ九〇年を経て、フランスの批評家・記号論者のロラン・バルトは、東京という都市の印象と天皇の存在感を重ね合わせ、皇居の景観について次のように論じた。

この円の低い頂点、不可視性の可視的な形、これは神聖なる《無》をかくしている。現代の最も強大な二大都市の一つであるこの首都は、城壁と濠水と屋根と樹木との不透明な環のまわりに造られているのだが、しかしその中心そのものは、なんらかの力を放射するためにそこにあるのではなく、都市のいっさいの動きに空虚な中心点を与えて、動きの循環に永久の迂回を強制するために、そこにあるのである。このようにして、空虚な主体にそって、(非現実的で)想像的な世界が迂回してはまた方向を変えながら、循環しつつ広がっているのである。(バルト『表徴の帝国』五四―五五ページ)

本書で私がとったような視点に立つと、「空虚な中心」と見えたものは実は空虚ではない。明治維新から一九四五年まで、それはある意味で「主軸となる中心」だった。そして、戦後から現在に至るまでも、そこでは皇室祭祀が行われている。皇室祭祀は日本の宗教文化、精神文化にさまざまな影響を与え続けている。そして皇室祭祀を重要な拠り所としながら、国家神道を強化しようとする運動や国体論的な言説が再生産され続けている。薄められた形ではあるが、明治維新前後から形成されていった国家神道はなおも存続している。そのことが見えにくくなっているからこそ、「空虚な中心」という言説が人気をよぶのだ。

戦後の日本人論で神道や精神文化にふれた有力なものに、「核や軸を「欠如」した日本文化」とか、「核や軸を「欠如」しつつ「固有」のものをもち続けた日本文化」というものがあった。丸山真男は『日本の思想』(一九六一年)で日本思想の「無構造の伝統」について論じ、河合隼雄は『中空構造日本の深層』(一九八二年)で記紀神話以来の「中心が空である」という論理構造について語っていた。そして、丸山の場合、「無構造の伝統」こそ「固有信仰」の特徴に合致するのだという。

ここで取り上げたバルトの「空虚な中心」論は、日本人論のこうしたパターンを定着させる上で重要な役割を果たしたものだ。バルトの洞察の鋭さは称賛に値するものだ。しかし、もしバルトが「国家神道とは何か」という問いに答えるすべを知っていたとすれば、「空虚な中心」論の内容はだいぶ異なるものになっていたはずだ。

参考文献

赤坂憲雄『象徴天皇という物語』筑摩書房、一九九〇年

暁烏　敏『神道・仏道・皇道・臣道を聖徳太子十七条憲法によりて語る』(北安田パンフレット第四七)香草舎、一九三七年

アサド、タラル『宗教の系譜――キリスト教とイスラムにおける権力の根拠と訓練』(中村圭志訳)、岩波書店、二〇〇四年(Talal Asad, *Genealogies of Religion: Discipline and Reasons of Power in Christianity and Islam*, The Johns Hopkins University Press, 1993)

同　『世俗の形成――キリスト教、イスラム、近代』(中村圭志訳)、みすず書房、二〇〇六年(Talal Asad, *Formations of Secular: Christianity, Islam, Modernity*, Stanford University Press, 1996)

葦津珍彦(阪本是丸註)『新版　国家神道とは何だったのか』神社新報社、二〇〇六年(初刊、一九八七年)

畔上直樹『「村の鎮守」と戦前日本――「国家神道」の地域社会史』有志舎、二〇〇九年

阿満利麿『日本人はなぜ無宗教なのか』筑摩書房、一九九六年

飯島忠夫「長谷川昭道と其の学説」信濃教育舎編『長谷川昭道全集』上巻、信濃毎日新聞社、一九三五年

石井研士『戦後の社会変動と神社神道』大明堂、一九九八年

石井良助『天皇——天皇統治の史的解明』弘文堂、一九五〇年
稲田正次『教育勅語成立過程の研究』講談社、一九七一年
今井宇三郎・瀬谷義彦・尾藤正英校注『日本思想大系53 水戸学』岩波書店、一九七三年
大原康男『神道指令の研究』原書房、一九九三年
沖田行司『日本近代教育の思想史研究——国際化の思想系譜』日本図書センター、一九九二年
小栗純子『日本の近代社会と天理教』(日本人の行動と思考7)評論社、一九六九年
小沢三郎『内村鑑三不敬事件』新教出版社、一九六一年
オームス、ヘルマン『徳川イデオロギー』(黒住真他訳)、ぺりかん社、一九九〇年(Herman Ooms, *Tokugawa Ideology: Early Constructs, 1570-1680*, Princeton University Press, 1985)
海後宗臣『元田永孚』(日本教育先哲叢書 第一九巻)文教書院、一九四二年
同 『教育勅語成立史の研究』(海後宗臣著作集 第一〇巻)東京書籍、一九八一年(初刊、一九六五年)
同 『歴史教育の歴史』東京大学出版会、一九六九年
勝部真長・渋川久子『道徳教育の歴史——修身科から「道徳」へ』玉川大学出版部、一九八四年
桂島宣弘『幕末民衆思想の研究——幕末国学と民衆宗教』文理閣、一九九二年
鹿野政直・今井修「日本近代思想史のなかの久米事件」大久保利謙編『久米邦武の研究 久米邦武著作集 別巻』吉川弘文館、一九九一年
河合隼雄『中空構造日本の深層』中央公論社、一九八二年

木下道雄『側近日誌』文藝春秋、一九九〇年
久野収・鶴見俊輔『現代日本の思想――その五つの渦』岩波書店、一九五六年
皇學館大学『創立九十年再興十年 皇學館大学史』学校法人皇學館大学、一九七二年
河野省三『国体観念の史的研究』日本電報通信社出版部、一九四二年
同　『皇道の研究』博報堂、一九四二年
國學院大學八十五年史編纂委員会編『國學院大學八十五年史』國學院大學、一九七〇年
阪本是丸『明治維新と国学者』大明堂、一九九三年
同　「国家神道体制の成立と展開――神社局から神祇院へ」井門富二夫編『占領と日本宗教』未來社、一九九三年
同　『国家神道形成過程の研究』岩波書店、一九九四年
同　『近代の神社神道』弘文堂、二〇〇五年
同　『近世・近代神道論考』弘文堂、二〇〇七年
信濃教育舎編『長谷川昭道全集』上巻、信濃毎日新聞社、一九三五年
島薗　進「新宗教と敗戦・占領――修養団捧誠会の場合」井門富二夫編『占領と日本宗教』未來社、一九九三年
同　『時代のなかの新宗教――出居清太郎の世界 1899-1945』弘文堂、一九九九年
同　「日本人論と宗教」『ポストモダンの新宗教――現代日本の精神状況の底流』東京堂出版、二〇〇一年

同　「国家神道と近代日本の宗教構造」『宗教研究』三二九号、二〇〇一年
同　「総説　一九世紀日本の宗教構造の変容」小森陽一他編『岩波講座　近代日本の文化史2　コスモロジーの「近世」』岩波書店、二〇〇一年
同　「国家神道とメシアニズム――「天皇の神格化」からみた大本教」網野善彦・安丸良夫他編『岩波講座　天皇と王権を考える4　宗教と権威』岩波書店、二〇〇二年
同　「戦後の国家神道と宗教集団としての神社」圭室文雄編『日本人の宗教と庶民信仰』吉川弘文館、二〇〇六年
同　「神道と国家神道・試論――成立への問いと歴史的展望」『明治聖徳記念学会紀要』復刊第四三号、二〇〇六年
同　「国家神道・国体思想・天皇崇敬――皇道・皇学と近代日本の宗教状況」『現代思想』第三五巻第一〇号、二〇〇七年八月
同　「書評と紹介　阪本是丸編『国家神道再考――祭政一致国家の形成と展開』」『宗教研究』三五三号、二〇〇七年
同　「国家神道はどのようにして国民生活を形づくったのか？――明治後期の天皇崇敬・国体思想・神社神道」洗建・田中滋編『国家と宗教――宗教から見る近現代日本』上巻、法藏館、二〇〇八年
同　「宗教史叙述の罠――神道史・国家神道史を例として」市川裕・松村一男・渡辺和子編『宗教史とは何か』上巻、リトン、二〇〇八年

同　「近代日本の〈宗教〉と〈神道〉――宗門・皇道・文明との関わりから」『明治聖徳記念学会紀要』復刊第四五号、二〇〇八年
同　「日本の世俗化と宗教概念」羽田正編『世俗化とライシテ』東京大学グローバルCOE「共生のための国際哲学教育研究センター」二〇〇九年
神社新報社編『神道指令と戦後の神道』神社新報社、一九七一年
同　『増補改訂　近代神社神道史』神社新報社、一九七六、八二、八六年
神社本庁教学研究室編『神社本庁憲章の解説』神社本庁、一九八〇年
神社本庁教学部調査課編『神社本庁五年史』神社本庁、一九五一年
神社本庁中央研修所編『神社本庁史稿』神社本庁中央研修所、一九七六年
末木文美士『日本仏教史――思想史としてのアプローチ』新潮文庫、一九九六年（初刊、新潮社、一九九二年）
鈴木正幸『皇室制度――明治から戦後まで』岩波書店、一九九三年
スミス、ウィルフレッド・キャントウェル『宗教の意味と目的』(Wilfred Cantwell Smith, *The Meaning and End of Religion*, Fortress Press, 1962, 1963, 1991)
全国神職会編『全国神職会沿革史要』全国神職会、一九三五年
副田義也『教育勅語の社会史――ナショナリズムの創出と挫折』有信堂高文社、一九九七年
高橋　紘『象徴天皇』岩波書店、一九八七年
同　『平成の天皇と皇室』文藝春秋、二〇〇三年

武田秀章『維新期天皇祭祀の研究』大明堂、一九九六年
同　「近代天皇祭祀形成過程の一考察——明治初年における津和野派の活動を中心に」井上順孝・阪本是丸編著『日本型政教関係の誕生』第一書房、一九八七年
玉懸博之「幕末における「宗教」と「歴史」——大国隆正における宗教論と歴史論との関連をめぐって」『東北大学文学部研究年報』第三一号、一九八一年
ダワー、ジョン『敗北を抱きしめて——第二次大戦後の日本人』上・下(三浦陽一・高杉忠明・田代泰子訳)、岩波書店、二〇〇一年(John W. Dower, *Embracing Defeat : Japan in the Wake of World War II*, W. W. Norton and Company, 1999)
塚本勝義『会沢正志の思想』昭和図書、一九四三年
辻本雅史「国体思想」子安宣邦監修『日本思想史辞典』ぺりかん社、二〇〇一年
出口王仁三郎「大正維新に就て」安丸良夫編『出口王仁三郎著作集』第二巻、読売新聞社、一九七三年
徳富蘇峰(猪一郎)『皇道日本の世界化』民友社、一九三八年
中西輝政「序章　なぜ日本に天皇という存在が必要なのか」中西輝政・福田和也『皇室の本義——日本文明の核心とは何か』ＰＨＰ研究所、二〇〇五年
中村政則『象徴天皇制への道——米国大使グルーとその周辺』岩波書店、一九八九年
西垣晴次『お伊勢まいり』岩波書店、一九八三年
新田　均『近代政教関係の基礎的研究』大明堂、一九九七年

同　「「国家神道」論の系譜」上・下『皇學館論叢』第三二巻第一・二号、一九九九年
同　『「現人神」「国家神道」という幻想――近代日本を歪めた俗説を糺す』ＰＨＰ研究所、二〇〇三年
野本永久『暁烏敏伝』大和書房、一九七四年
原　武史『可視化された帝国――近代日本の行幸啓』みすず書房、二〇〇一年
同　『昭和天皇』岩波書店、二〇〇八年
バルト、ロラン『表徴の帝国』(宗左近訳)、筑摩書房、一九九六年(初刊、新潮社、一九七四年。Roland Barthes, *L'Empire des Signes,* d'Art Albert Skira S. A., 1970)
尾藤正英「水戸学の特質」今井宇三郎・瀬谷義彦・尾藤正英校注『日本思想大系53 水戸学』岩波書店、一九七三年
同　「国体論」『国史大辞典』吉川弘文館、一九八五年
平野　武『政教分離裁判と国家神道』法律文化社、一九九五年
藤田大誠「「神道人」葦津珍彦と近現代の神社神道」葦津珍彦(阪本是丸註)『新版 国家神道とは何だったのか』神社新報社、二〇〇六年
フジタニ、タカシ『天皇のページェント――近代日本の歴史民族誌から』(米山リサ訳)、日本放送出版協会、一九九四年
ホブズボウム、E、T・レンジャー編『創られた伝統』(前川啓治・梶原景昭他訳)、紀伊國屋書店、一九九二年(Eric Hobsbawm and Terence Ranger, eds., *The Invention of Tradition,* Cambridge

University Press, 1983)
丸山真男『日本の思想』岩波書店、一九六一年
三島由紀夫『文化防衛論』新潮社、一九六九年
宮地正人「近代天皇制イデオロギーと歴史学」『天皇制の政治史的研究』校倉書房、一九八一年
村上重良『国家神道』岩波書店、一九七〇年
同　『慰霊と招魂――靖国の思想』岩波書店、一九七四年
同　『天皇の祭祀』岩波書店、一九七七年
同　『国家神道と民衆宗教』吉川弘文館、一九八二年（復刻版、二〇〇六年）
同　『天皇制国家と宗教』日本評論社、一九八六年
牟禮　仁「藩校と皇学」『皇學館大学神道研究所所報』第六二号、二〇〇二年三月
安丸良夫『神々の明治維新――神仏分離と廃仏毀釈』岩波書店、一九七九年
同　「近代転換期における宗教と国家」安丸良夫・宮地正人校注『日本近代思想大系5　宗教と国家』岩波書店、一九八八年
同　『近代天皇像の形成』岩波書店、一九九二年
同　「現代日本における「宗教」と「暴力」」磯前順一、タラル・アサド編『宗教を語りなおす――近代的カテゴリーの再考』みすず書房、二〇〇六年
安丸良夫編『出口王仁三郎著作集』第二巻、読売新聞社、一九七三年
山住正己『教育勅語』朝日新聞社、一九八〇年

山本信良・今野敏彦『近代教育の天皇制イデオロギー――明治学校行事の考察』新泉社、一九七三年
同『大正・昭和教育の天皇制イデオロギーI――学校行事の宗教的性格』新泉社、一九七六年
ユルゲンスマイヤー、マーク・K『ナショナリズムの世俗性と宗教性』(阿部美哉訳)、玉川大学出版部、一九九五年 (Mark K. Juergensmeyer, *The New Cold War : Religious Nationalism Confronts the Secular State*, University of California Press, 1993)
吉田久一『日本近代仏教史研究』吉川弘文館、一九五九年
ルオフ、ケネス『国民の天皇――戦後日本の民主主義と天皇制』(高橋紘監修、木村剛久・福島睦男訳)、共同通信社、二〇〇三年 (Kenneth J. Ruoff, *The People's Emperor : Democracy and the Japanese Monarchy, 1945-1995*, Harvard University Asia Center, 2001)
和辻哲郎『国民統合の象徴』勁草書房、一九四八年(『和辻哲郎全集』第一四巻、岩波書店、一九六二年、収載)

あとがき

国家神道とは何かを明らかにできれば、日本人の宗教性という問題を解きほぐす鍵が得られるのではないか。一九七〇年頃に宗教学を学び始めて以来、おぼろげながらそう感じてはいた。一九六〇年代以来、国家神道について重要な研究成果をあげてきた安丸良夫氏や阪本是丸氏とは長期にわたって研究交流を続けてきた。

だが、私の主要な研究課題は、民衆宗教や新宗教にあり、二氏を初めとする歴史学、宗教学、神道史学、法学等の諸領域での国家神道をめぐる議論にどう応じていけばよいか、なかなか見えてこなかった。自分なりの答え方が見えてきたのは、ようやく一九九〇年代の後半のことで、それ以来、国家神道に関する論文をいくつか書き継いできた。一〇年ほどを経て、岩波書店の編集部の方々と話し合い新書という形にまとめようということになったが、それからさらに数年がすぎてしまった。

近代日本史のさまざまな領域の事柄が関わってくる複雑な問題を、新書という形でコンパクトかつ平明に論じるのは容易ではなかったが、この作業によって、近代日本の宗教と国家の関わりを捉える大きな枠組を提示することができたのではないかと考えている。ただ、当然のことながら、裏付けとなる事実の叙述や論証を大幅に省かざるをえなかった。詰めの議論の詳細については、すでに発表している個々の論考にあたっていただけると幸いである。それらの論考を集め、いずれ詳細な叙述や論証を含めた研究書を刊行したいと考えている。また、本書は神道が中心論題だが、仏教や新宗教についても近代精神史上の位置を捉え直す手がかりが得られたと思う。また、世界的な視野で近代の宗教と政治についての比較考察に向けての道具立ても整ってきたと感じている。さらに考察を続けていきたい。

国家神道への考察を進めるために、この間にお世話になった方々はきわめて多く、ここにすべてのお名前をあげることはとてもできない。しかし、さまざまな局面でお助けいただき、示唆を受けた方々に負うものの大きさは強く自覚している。そのすべてをできるだけ思い起こし、皆さんにお礼を述べたい気持ちだ。

とりわけ、安丸良夫氏、林淳氏、磯前順一氏らと行ってきた宗教・歴史・民衆研究会、國學院大學の阪本是丸ゼミと東京大学宗教学の島薗ゼミとの合同ゼミから得たものは小さくない。関係の皆さんに厚くお礼を申し述べたい。畔上直樹、伊達聖伸、井関大介の諸氏には、この本の草稿に目を通していただき、貴重なコメントをちょうだいしたことも記しておきたい。

国家神道をめぐる討議で考察を深めるべき論題は多くの学問分野にまたがっており、かんたんに決着がつくものではない。今後の討議の深化に本書がいくらかなりと貢献できるものであることを願っている。また、学問的論争にはさほど関心のない一般読者の方々には、国家神道について学び考えることが、日本の宗教文化について、日本の近代史について、そしてまた、自己の文化的・宗教的アインデンティティについて再考することにつながることを察していただければ望外の幸いである。

二〇一〇年五月二日

島薗　進

島薗 進

1948年東京都に生まれる
現在—大正大学地域構想研究所客員教授．上智大学グリーフケア研究所客員所員．東京大学名誉教授
専攻—近代日本宗教史，宗教理論研究
著書—『現代救済宗教論』(青弓社)
『時代のなかの新宗教』(弘文堂)
『ポストモダンの新宗教』(東京堂出版)
『〈癒す知〉の系譜』(吉川弘文館)
『神聖天皇のゆくえ』(筑摩書房)
『明治大帝の誕生』(春秋社)
『新宗教を問う』(ちくま新書)
『戦後日本と国家神道』(岩波書店)
『政治と宗教』(編著，岩波新書)
『日本仏教の社会倫理』(岩波現代文庫)
『精神世界のゆくえ』(法蔵館文庫)
『死生観を問う』(朝日選書)
『なぜ「救い」を求めるのか』(NHK出版) ほか

国家神道と日本人　　岩波新書(新赤版)1259

2010年7月21日　第1刷発行
2024年1月25日　第13刷発行

著　者　島《しま》薗《ぞの》 進《すすむ》

発行者　坂本政謙

発行所　株式会社 岩波書店
〒101-8002 東京都千代田区一ツ橋2-5-5
案内 03-5210-4000　営業部 03-5210-4111
https://www.iwanami.co.jp/

新書編集部 03-5210-4054
https://www.iwanami.co.jp/sin/

印刷・三陽社　カバー・半七印刷　製本・中永製本

ISBN 978-4-00-431259-8　　Printed in Japan

岩波新書新赤版一〇〇〇点に際して

ひとつの時代が終わったと言われて久しい。だが、その先にいかなる時代を展望するのか、私たちはその輪郭すら描きえていない。二〇世紀から持ち越した課題の多くは、未だ解決の緒を見つけることのできないままであり、二一世紀が新たに招きよせた問題も少なくない。グローバル資本主義の浸透、憎悪の連鎖、暴力の応酬――世界は混沌として深い不安の只中にある。

現代社会においては変化が常態となり、速さと新しさに絶対的な価値が与えられた。消費社会の深化と情報技術の革命は、種々の境界を無くし、人々の生活やコミュニケーションの様式を根底から変容させてきた。ライフスタイルは多様化し、一面では個人の生き方をそれぞれが選びとる時代が始まっている。同時に、新たな格差が生まれ、様々な次元での亀裂や分断が深まっている。社会や歴史に対する意識が揺らぎ、普遍的な理念に対する根本的な懐疑や、現実を変えることへの無力感がひそかに根を張りつつある。そして生きることに誰もが困難を覚える時代が到来している。

しかし、日常生活のそれぞれの場で、自由と民主主義を獲得し実践することを通じて、私たち自身がそうした閉塞を乗り超え、希望の時代の幕開けを告げてゆくことは不可能ではあるまい。そのために、いま求められていること――それは、個と個の間で開かれた対話を積み重ねながら、人間らしく生きることの条件について一人ひとりが粘り強く思考することではないか。その営みの糧となるものが、教養に外ならないと私たちは考える。歴史とは何か、よく生きるとはいかなることか、世界そして人間はどこへ向かうべきなのか――こうした根源的な問いとの格闘が、文化と知の厚みを作り出し、個人と社会を支える基盤としての教養となった。まさにそのような教養への道案内こそ、岩波新書が創刊以来、追求してきたことである。

岩波新書は、日中戦争下の一九三八年一一月に赤版として創刊された。創刊の辞は、道義の精神に則らない日本の行動を憂慮し、批判的精神と良心的行動の欠如を戒めつつ、現代人の現代的教養を刊行の目的とする、と謳っている。以後、青版、黄版、新赤版と装いを改めながら、合計二五〇〇点余りを世に問うてきた。そして、いままた新赤版が一〇〇〇点を迎えたのを機に、人間の理性と良心への信頼を再確認し、それに裏打ちされた文化を培っていく決意を込めて、新しい装丁のもとに再出発したいと思う。一冊一冊から吹き出す新風が一人でも多くの読者の許に届くこと、そして希望ある時代への想像力を豊かにかき立てることを切に願う。

（二〇〇六年四月）